Anonymous

Katechismus der christlichen Lehre

Anonymous

Katechismus der christlichen Lehre

ISBN/EAN: 9783743674219

Hergestellt in Europa, USA, Kanada, Australien, Japan

Cover: Foto ©Lupo / pixelio.de

Weitere Bücher finden Sie auf **www.hansebooks.com**

Katechismus

der

Christlichen Lehre,

von der

Allgemeinen Konferenz der Mennoniten
in Nord-Amerika
den Gemeinden dargeboten.

—•◆•—

Primrose, Jowa.
Zu haben bei Past. Chr. Schowalter.
1882.

Aug. Wiebusch & Son Prtg. Co.,
St. Louis, Mo.

Vorwort.

Auf der Allgemeinen Konferenz der Mennoniten von Nord-Amerika, die im November 1878 stattfand, wurde eine Bitte eingebracht, um zu berathen, ob dem Bedürfniß der Gemeinden in Darreichung eines Katechismus aufzuhelfen wäre. — Mit Bereitwilligkeit kam die Konferenz dem Verlangen der Gemeinden entgegen, und ernannte ein Komite von sieben mit dem Auftrag, eine Vorlage des Katechismus in der nächsten Sitzung in 1881 der Konferenz zu unterbreiten. Unter Gottes Gnadenbeistand konnte der Auftrag erfüllt werden. — Nach Einsicht der Vorlage drückte die Konferenz ihre Befriedigung aus und ernannte ein Komite mit der Weisung, die Vorlage nochmals zu prüfen und, wenn gut befunden, dem Druck zu übergeben.

Der Inhalt des Katechismus spricht für sich selbst, weil nur Gottes Wort als Antworten zu den Fragen gegeben ist, und weil er die Kernsprüche der Heilslehre den kleinen und großen Kindern auf eine solch faßliche Weise gibt, wie es das Bedürfniß des Herzens erfordert, also, daß ihnen das Wort Gottes ein theures Kleinod wird und bleibt.

Im Aufblick auf Gott, von dem aller Segen kommt, wird nun allen Gemeinden der Katechismus zum gesegneten Gebrauch dargeboten, welcher leicht gefunden wird, wo Einsicht und Freude am Worte Gottes Lehrer, Erzieher und Eltern beseelet. Und wo man den heiligen Geist begehret und erbittet, da ist er als der Geist des Herrn, der wie in alle Wahrheit, so auch in die hier niedergelegte, überall leitet; dann wird auch der Herr, dessen Name auch durch dieses Lehrbüchlein verherrlicht werden soll, seinen besonderen Segen in reichem Maße mitgehen lassen, daß es Allen, Eltern, Lehrern und Kindern zum Heil ihrer unsterblichen Seelen gereichen möge! Das wünschet, bittet und hoffet

Neujahr 1882.   Das Komite.

Einleitung.

Im Namen Jesu! Amen.

1. Was soll eines Menschen vornehmste Sorge sein in diesem Leben?

Trachtet am ersten nach dem Reiche Gottes und nach seiner Gerechtigkeit, so wird euch das Uebrige Alles zufallen. Matth. 6, 33.

2. Wie verhält sich der Mensch zu diesem Trachten?

Das Dichten des menschlichen Herzens ist böse von Jugend auf. 1. Mos. 8, 21. (1. Mos. 6, 5.)

3. Wie nennt die heilige Schrift diesen Zustand des Menschen?

Euch, die ihr todt waret durch Uebertretung und Sünde. Eph. 2, 1. (Röm. 3, 23; Kol. 2, 13.)

4. Was hat Gott den Menschen in diesem Zustande wissen lassen?

Er hat uns wissen lassen das Geheimniß seines Willens nach seinem Wohlgefallen, und hat dasselbige hervorgebracht durch Ihn, daß es geprediget würde, da die Zeit erfüllet war, auf daß alle Dinge zusammen unter ein Haupt verfasset würden in Christo, beides, das im Himmel und auf Erden ist, durch Ihn selbst. Eph. 1, 9. 10.

5. Wo wird uns der Wille Gottes geoffenbart?

Suchet in der Schrift, denn ihr meinet, ihr habt das ewige Leben darinnen, und sie ist's, die von Mir zeuget. Joh. 5, 39. Denn von diesem zeugen alle Propheten, daß durch seinen Namen Alle, die an Ihn glauben, Vergebung der Sünden haben sollen. Apost. 10, 43. (Jes. 34, 16; Ps. 40, 8.)

6. Wozu ist die von Gott eingegebene Schrift nützlich?

Alle Schrift, von Gott eingegeben, ist nütze zur Lehre, zur Strafe, zur Besserung, zur Züchtigung in der Gerechtigkeit, daß ein Mensch Gottes sei vollkommen, zu allem guten Werk geschickt. Und weil du von Kind auf die heilige Schrift weißt, kann dich dieselbige unterweisen zur Seligkeit durch den Glauben an Christum Jesum. 2. Tim. 3, 16. 17. 15. (2. Petr. 1, 19. 20; Röm. 15, 4; 1. Tim. 4, 6.)

7. Wie muß man die heilige Schrift gebrauchen, wenn sie so nützlich sein soll?

Gedenket an die Worte, die euch zuvor gesagt sind von den heiligen Propheten und an unser Gebot, die wir sind Apostel des Herrn und Heilandes. 2. Petr. 3, 2. Lasset das Wort Christi unter euch reichlich wohnen in aller Weisheit; lehret und ermahnet euch selbst mit Psalmen und Lobgesängen und geistlichen lieblichen Liedern und singet dem Herrn in eurem Herzen. Kol. 3, 16. (Jac. 1, 21. 22.)

8. Was hat man bei der Auslegung biblischer Weissagungen zu bedenken?

Das sollt ihr für das Erste wissen, daß keine Weissagung in der Schrift geschiehet aus eigener Auslegung; denn es ist noch nie eine Weissagung aus menschlichem Willen hervorgebracht, sondern die heiligen Menschen Gottes haben geredet, getrieben von dem heiligen Geiste. 2. Petr. 1, 20. 21.

9. Was hat man beim Lesen, Hören und Betrachten des Wortes Gottes zu beten?

a. Herr! öffne mir die Augen, daß ich sehe die Wunder an Deinem Gesetze.

b. Zeige mir, Herr, den Weg Deiner Rechte, daß ich sie bewahre bis an's Ende.

c. Unterweise mich, daß ich bewahre Dein Gesetz und halte es von ganzem Herzen.

d. Führe mich auf dem Steige Deiner Gebote; denn ich habe Lust dazu.

e. Neige mein Herz zu Deinen Zeugnissen und nicht zum Geiz.

f. Wende meine Augen ab, daß sie nicht sehen nach unnützer Lehre, sondern erquicke mich auf Deinem Wege.

g. Laß Deinen Knecht Dein Gebot festiglich für Dein Wort halten, daß ich dich fürchte.

h. Wende von mir die Schmach, die ich scheue; denn Deine Rechte sind lieblich.

i. Stehe, ich begehre Deine Befehle, erquicke mich nach Deiner Gerechtigkeit.

k. Laß meinen Gang in Deinem Worte gewiß sein, und kein Unrecht über mich herrschen. Pf. 119, 18. 33—40. 133.

10. Was verheißt und thut der Herr auf solches Bitten und Sehnen in seiner Unterweisung?

Ich will dich unterweisen und dir den Weg zeigen, den du wandeln sollst. Ich will dich mit meinen Augen leiten. Pf. 32, 8. Und da öffnete Er ihnen das Verständniß, daß sie die Schrift verstanden. Luc. 24, 45.

11. Wie lautet die Unterweisung, kurz zusammengefaßt, die wir als seligmachende Wahrheit zu glauben haben, und die von der ganzen christlichen Kirche als allgemeines oder apostolisches Glaubensbekenntniß angenommen ist?

Ich glaube an Gott den Vater, allmächtigen Schöpfer Himmels und der Erden.

Und an Jesum Christum, seinen eingebornen Sohn, unsern Herrn, der empfangen ist vom heiligen Geiste, geboren von der Jungfrau Maria, gelitten unter Pontio Pilato, gekreuziget, gestorben und begraben, niedergefahren zur Hölle*), am dritten Tage wieder auferstanden von den Todten, aufgefahren gen Himmel, sitzet zur Rechten Gottes, des allmächtigen Vaters, von dannen er kommen wird, zu richten die Lebendigen und die Todten.

Ich glaube an den heiligen Geist, eine heilige allgemeine christliche Kirche, die Gemeinschaft der Heiligen, Vergebung der Sünden, Auferstehung des Fleisches und ein ewiges Leben. Amen.

Erstes Hauptstück.

Von Gott dem Vater.

Von dem Schöpfer, dem Sündenfall und der Vorbereitung des Heils im Alten Bunde durch Verheißung und Gesetz.

12. Wer ist Gott?

Gott ist ein Licht, und in Ihm ist keine Finsterniß. 1. Joh. 1, 5. Herr, Du bist es allein, Du hast gemacht den Himmel und aller Himmel Himmel mit all ihrem Heer, die Erde, und Alles, was darauf ist, die Meere, und Alles, was darinnen ist; Du machest Alles lebendig, und das himmlische Heer betet Dich an. Neh. 9, 6. (Jac. 1, 17.)

13. Woraus erkennen wir das Dasein Gottes?

Daß man weiß, daß Gott sei, ist ihnen offenbar; denn Gott hat es ihnen geoffenbaret, damit, daß Gottes unsicht-

---

*) Das Wort Hölle dürfte seine Erklärung finden in 1. Petr. 3, 19; 4, 6; Ephes. 4, 8—10.

bares Wesen, das ist, seine ewige Kraft und Gottheit, wird ersehen, so man deß wahrnimmt an den Werken, nämlich an der Schöpfung der Welt; also, daß sie keine Entschuldigung haben. Röm. 1, 19. 20. Niemand hat Gott je gesehen. Der eingeborne Sohn, der in des Vaters Schooß ist, der hat es uns verkündiget. Joh. 1, 18. (1. Tim. 6, 16; Joh. 14, 9.)

14. Was wissen wir von dem Wesen Gottes?

Gott ist ein Geist, und die Ihn anbeten, die müssen Ihn im Geist und in der Wahrheit anbeten. Joh. 4, 24. Gott ist die Liebe, und wer in der Liebe bleibet, der bleibet in Gott, und Gott in ihm. 1. Joh. 4, 16. Herr, unser Herrscher, wie herrlich ist Dein Name in allen Landen, da man Dir danket im Himmel! Ps. 8, 1. Höre, Israel, der Herr, unser Gott, ist ein einiger Herr. 5. Mos. 6, 4. (1. Cor. 12, 6; 8, 4—6.)

15. Was wissen wir von den Eigenschaften Gottes?

a. Fürwahr, Du bist ein verborgener Gott, Du Gott Israels, der Heiland. Jes. 45, 15. (Hiob 36, 26.)

b. Du bleibest, wie Du bist, und Deine Jahre nehmen kein Ende. Ps. 102, 28. (Ps. 90, 2.)

c. Ich bin der allmächtige Gott; wandle vor Mir und sei fromm. 1. Mos. 17, 1. (Ps. 115, 3; 33, 9; Luc. 1, 37.)

d. Wo soll ich hingehen vor Deinem Geist? Wo soll ich hinfliehen vor Deinem Angesicht? Führe ich gen Himmel, so bist du da. Bettete ich mir in die Hölle, siehe, so bist Du auch da. Nähme ich Flügel der Morgenröthe und bliebe am äußersten Meer, so würde mich doch Deine Hand daselbst führen und Deine Rechte mich halten. Ps. 139, 7—10. (Jes. 43, 2; Jer. 23, 23. 24.)

e. Herr, Du erforschest mich und kennest mich. Ich sitze, oder stehe auf, so weißt Du es. Du verstehest meine Gedanken von Ferne. Ich gehe, oder liege, so bist Du um mich und siehest alle meine Wege. Denn siehe, es ist kein Wort auf meiner Zunge, das Du, Herr, nicht Alles wissest. Ps. 139, 1—4. (Apost. 15, 18; Hebr. 4, 13; Joh. 16, 30.)

f. Herr, wie sind Deine Werke so groß und so viel! Du hast sie alle weislich geordnet, und die Erde ist voll Deiner Güter. Ps. 104, 24. (Hiob 13, 13.)

g. Heilig, heilig, heilig ist der Herr Zebaoth, alle Lande sind seiner Ehre voll. Jes. 6, 3. (Ps. 93, 5; 5, 5; 3. Mos. 11, 44.)

h. Der Herr ist gerecht und hat Gerechtigkeit lieb. Ps. 11, 7. (Hiob 34, 10—12; Ps. 145, 17; 7, 12; 9, 5; 98, 9; Röm. 2, 6; Jer. 17, 9. 10.)

i. So sollst du nun wissen, daß der Herr, dein Gott, ein Gott ist, ein treuer Gott, der den Bund und Barmherzigkeit hält denen, die Ihn lieben und seine Gebote halten, in tausend Glied. 5. Mos. 7, 9. (2. Tim. 2, 13.)

k. Des Herrn Wort ist wahrhaftig, und was Er zusagt, das hält Er gewiß. Ps. 33, 4. (4. Mos. 23, 19.)

l. Der Herr ist Allen gütig und erbarmet sich aller seiner Werke. Ps. 145, 9. (Nah. 1, 7; Ps. 136, 1; 103, 11; 36, 6; Luc. 6, 15.)

m. Der Herr ist barmherzig und ein Erbarmer. Jac. 5, 11. (Ps. 103, 13; Klagl. Jer. 3, 23. 24.)

n. Herr, Herr Gott, barmherzig und gnädig und geduldig und von großer Gnade und Treue. Der Du bewahrest Gnade in tausend Glied und vergibst Missethat, Uebertretung und Sünde. 2. Mos. 34, 6. 7. (Ps. 145, 8; Tit. 2, 11; 2. Petr. 3, 9; Röm. 2, 4; Joel 2, 13; Jon. 4, 2.)

16. Wie offenbarte sich Gott in der Schöpfung?

Am Anfang schuf Gott Himmel und Erde. 1. Mos. 1, 1. Der Himmel ist durch das Wort des Herrn gemacht, und all sein Heer durch den Geist seines Mundes. Ps. 33, 6. (Kol. 1, 16.)

17. Welches ist das vollkommenste Geschöpf auf Erden?

Gott schuf den Menschen Ihm zum Bilde, zum Bilde Gottes schuf Er ihn; und Er schuf sie, ein Männlein und Fräulein. 1. Mos. 1, 27. (1. Mos. 2, 7—24.)

18. Welches sind die Geschöpfe Gottes in der unsichtbaren Welt?

Lobet den Herrn, ihr seine Engel, ihr starken Helden, die ihr seinen Befehl ausrichtet, daß man höre die Stimme seines Worts! Lobet den Herrn, alle seine Heerschaaren, seine Diener, die ihr seinen Willen thut. Ps. 103, 20. 21. Sind sie nicht allzumal dienstbare Geister, ausgesandt zum Dienst, um derer willen, die ererben sollen die Seligkeit? Hebr. 1, 14.

19. Spricht die heilige Schrift blos von guten Engeln?

Auch die Engel, die ihr Fürstenthum nicht behielten, sondern verließen ihre Behausung, hat Er behalten zum Gericht des großen Tages mit ewigen Banden in Finsterniß. Judä 6. (2. Petr. 2, 4.)

20. Wie heißt das Oberhaupt dieser gefallenen Engel?

Die alte Schlange, die da heißt der Teufel und Satanas, der die ganze Welt verführet. Offenb. Joh. 12, 9. Der Teufel ist ein Mörder von Anfang und ist nicht bestanden in der Wahrheit; denn die Wahrheit ist nicht in ihm. Wenn er die Lügen redet, so redet er von seinem Eigenen; denn er ist ein Lügner und ein Vater derselbigen. Joh. 8, 44.

21. Wie beweiset sich Gott fortwährend in allem Erschaffenen?

Gott trägt alle Dinge mit seinem kräftigen Wort. Hebr. 1, 3. Er hält sie immer und ewiglich; Er ordnet sie, daß sie nicht anders gehen müssen. Ps. 148, 6. (1. Mos. 8, 22; Ps. 91, 10—14; 104, 13. 14; 145, 15. 16; Matth. 6, 26; Hebr. 12, 11; Röm. 8, 38. 39; 5, 3—5; Jac. 1, 12.)

22. Wem dient diese Vorsehung zum Segen?

Wir wissen aber, daß denen, die Gott lieben, alle Dinge zum Besten dienen. Röm. 8, 28. Alle eure Sorge werfet auf Ihn; denn Er sorget für euch. 1. Petr. 5, 7. (Ps. 73, 25. 26.)

23. Sind die Menschen in ihrem ursprünglich guten von Gott anerschaffenen Stande geblieben?

Nein; denn die Schlange sprach zu dem Weibe: Ja, sollte Gott gesagt haben: Ihr sollt nicht essen von allerlei Bäumen im Garten? Da sprach das Weib zur Schlange: Wir essen von den Früchten der Bäume im Garten, aber von den Früchten des Baumes mitten im Garten hat Gott gesagt: Esset nicht davon, rühret es auch nicht an, daß ihr nicht sterbet. Da sprach die Schlange zum Weibe: Ihr werdet mit nichten des Todes sterben; sondern Gott weiß, daß, welches Tages ihr davon esset, so werden eure Augen aufgethan, und werdet sein wie Gott, und wissen, was gut und böse ist. Und das Weib schauete an, daß von dem Baume gut zu essen wäre, und lieblich anzusehen, daß es ein lustiger Baum wäre, weil er klug machte, und nahm von der Frucht und aß, und gab ihrem Manne auch davon, und er aß. 1. Mos. 3, 1—6. (1. Mos. 3, 7—19; Jac. 1, 13—15.)

24. Welches ist die Folge der Uebertretung der ersten Menschen?

Durch Einen Menschen ist die Sünde gekommen in die Welt, und der Tod durch die Sünde, und ist also der Tod zu allen Menschen durchgedrungen, dieweil sie alle gesündiget haben. Röm. 5, 12. (Röm. 8, 12. 23.)

25. Welches ist die Folge dieses Zustandes?

Die Sünde ist der Leute Verderben. Spr. 14, 34. Eure Untugenden scheiden euch und euren Gott von einander, und eure Sünden verbergen das Angesicht von euch, daß ihr nicht gehöret werdet. Jes. 59, 2. Der Tod ist der Sünde Sold. Röm. 6, 23. (Röm. 2, 8. 9.)

26. Was ist also Sünde? *)

Alles Unrecht ist Sünde. 1. Joh. 5, 17. Wer Sünde thut, der thut auch Unrecht, und die Sünde ist das Unrecht. Wer Sünde thut, der ist vom Teufel; denn der Teufel sündiget vom Anfang. Dazu ist erschienen der Sohn Gottes, daß Er die Werke des Teufels zerstöret. 1. Joh. 3, 4. 8. (Röm. 8, 7; 1. Mos. 39, 9; 3, 15.)

27. Auf welche Weise sündiget der Mensch?

Aus dem Herzen kommen arge Gedanken, Mord, Ehebruch, Hurerei, Dieberei, falsch Zeugniß, Lästerung. Das sind die Stücke, die den Menschen verunreinigen. Matth. 15, 19—20. **Wer da weiß, Gutes zu thun, und thut es nicht, dem ist es Sünde.** Jac. 4, 17. (Joh. 3, 6; Ps. 51, 7; Gal. 5, 17; 1. Cor. 2, 14; Eph. 4, 18; Ps. 19, 13.)

28. Sollte aber der Mensch in diesem Zustande bleiben?

Nein; denn Gott will, daß allen Menschen geholfen werde, und zur Erkenntniß der Wahrheit kommen. Denn es ist Ein Gott und Ein Mittler zwischen Gott und den Menschen, nämlich der Mensch Christus Jesus, der sich selbst gegeben hat für Alle zur Erlösung, daß solches zu seiner Zeit geprediget würde. 1. Tim. 2, 4—6. Es ist erschienen die heilsame Gnade Gottes allen Menschen. Tit. 2, 11. (Joh. 3, 16; Eph. 1, 3—7; Gal. 4, 4. 5; 1. Tim. 1, 15.)

29. Wie hat Gott dieses Heil vorbereitet?

I. Durch Verheißungen von Christo:

a. Ich will Feindschaft setzen zwischen dir und dem Weibe und zwischen deinem Samen und ihrem Samen. Derselbe soll dir den Kopf zertreten, und du wirst ihn in die Ferse stechen. 1. Mos. 3, 15. (1. Mos. 22, 16—18; 49, 10.)

b. Ich will ihnen einen Propheten, wie du bist, erwecken

---

*) Die Sünde ist das größte Uebel sowohl in ihrem Wesen, als auch in ihren Folgen.

aus ihren Brüdern, und meine Worte in seinen Mund geben, der soll zu ihnen reden Alles, was Ich Ihm gebieten werde. Und wer meine Worte nicht hören wird, die Er in meinem Namen reden wird, von dem will Ich's fordern. 5. Mos. 18, 18. 19.

c. Wenn nun deine Zeit hin ist, daß du mit deinen Vätern schlafen liegest, will Ich deinen Samen nach dir erwecken, der von deinem Leibe kommen soll, dem will Ich sein Reich bestätigen. Der soll meinem Namen ein Haus bauen, und Ich will den Stuhl seines Königreichs bestätigen ewiglich. 2. Sam. 7, 12. 13. (Ps. 2; 16; 22; 68, 19; 110.)

d. Siehe, eine Jungfrau ist schwanger, und wird einen Sohn gebähren, den wird sie heißen Immanuel. Jes. 7, 14.

e. Uns ist ein Kind geboren, ein Sohn ist uns gegeben, welches Herrschaft ist auf seiner Schulter, und Er heißt Wunderbar, Rath, Kraft, Held, Ewig-Vater, Friede-Fürst; auf daß seine Herrschaft groß werde, und des Friedens kein Ende, auf dem Stuhl Davids und seinem Königreich; daß Er es zurichte und stärke mit Gericht und Gerechtigkeit von nun an bis in Ewigkeit. Solches wird thun der Eifer des Herrn Zebaoth. Jes. 9, 6. 7.

f. Und es wird eine Ruthe aufgehen von dem Stamm Isai, und ein Zweig aus seiner Wurzel Frucht bringen, auf welchem wird ruhen der Geist des Herrn, der Geist der Weisheit und des Verstandes, der Geist des Raths und der Stärke, der Geist der Erkenntniß und der Furcht des Herrn. Jes. 11, 1. 2. (Jes. 42, 1—3; 49, 6; 52, 13—15; 53; 61, 1—3; Jer. 33, 15. 16; Dan. 2, 44; 7, 13. 14; 9, 24. 26; Micha 5, 1; Hag. 2, 7. 8; Sach. 9, 9.)

II. Durch Vorbilder von Christo:

1. Der Priesterkönig Melchisedek: Als Abram nun wieder kam von der Schlacht des Kedor-Laomor, —, trug Melchisedek, der König von Salem, Brod und Wein hervor.

Erstes Hauptstück.

Und er war ein Priester Gottes des Höchsten. 1. Mos. 14, 17. 18. (Pf. 110, 4; Hebr. 7, 1—14. 15. 21.)

2. Das Passah=Lamm: Wir haben auch ein Osterlamm, das ist Christus, für uns geopfert. 1. Cor. 5, 7. (2. Mos. 12; Joh. 1, 29; 1. Petr. 1, 18. 19.)

3. Die eherne Schlange: Wie Moses in der Wüste eine Schlange erhöhet hat: also muß des Menschen Sohn erhöhet werden, auf daß Alle, die an Ihn glauben, nicht verloren werden, sondern das ewige Leben haben. Joh. 3, 14. 15. (4. Mos. 21, 4—9.)

4. Der Hohepriester in Israel: Ein jeglicher Hohepriester wird eingesetzt, zu opfern Gaben und Opfer. Darum muß auch Dieser etwas haben, das Er opfere. Hebr. 8, 3. (Hebr. 7, 24. 25; 9, 11—28; 1. Joh. 2, 1. 2.)

5. Die Opfer und insbesondere das jährliche große Versöhnungsopfer: Mit einem Opfer hat Er in Ewigkeit vollendet, die geheiliget werden. Hebr. 10, 14. (Hebr. 9, 13. 14; 10, 1—13; 3. Mos. 16.)

6. Die Freistädte: Sei mir ein starker Hort, dahin ich immer fliehen möge, der Du zugesagt hast, mir zu helfen. Pf. 71, 3. (4. Mos. 35, 6; Joh. 20, 2; Sach. 13, 1; Joh. 7, 38.)

30. Wie kommt es, daß so viele Menschen solche Verheißungen sich nicht zu Herzen gehen lassen?

Der natürliche Mensch vernimmt nichts vom Geiste Gottes; es ist ihm eine Thorheit, und kann es nicht erkennen; denn es muß geistlich gerichtet sein. 1. Cor. 2, 14.

31. Wie könnte einem solchen Menschen geholfen werden?

Wenn er (es) sich bekehrete zu dem Herrn, so würde die Decke abgethan. 2. Cor. 3, 16.

32. Wodurch kommt aber der Mensch zur Erkenntniß seiner Sünde und seines Elends?

Durch das Gesetz kommt Erkenntniß der Sünde.

Röm. 3, 20. Denn die Sünde war wohl in der Welt, bis auf das Gesetz; aber wo kein Gesetz ist, da achtet man der Sünde nicht. Röm. 5, 13. (Röm. 7, 7; Gal. 3, 19.)

33. Was enthält das Gesetz?

Das Gesetz hat den Schatten von den zukünftigen Gütern, nicht das Wesen der Güter selbst. Hebr. 10, 1. Denn das Gesetz ist durch Mosen gegeben; die Gnade und Wahrheit ist durch Jesum Christum geworden. Joh. 1, 17.

34. Wann und wie wurde das Gesetz durch Mosen gegeben?

Im dritten Monat nach dem Ausgange der Kinder Israel aus Egyptenland kamen sie dieses Tages in die Wüste Sinai. Als nun der dritte Tag kam, und Morgen war, da erhob sich ein Donnern und Blitzen, und eine dicke Wolke auf dem Berge, und ein Ton einer sehr starken Posaune; das ganze Volk aber, das im Lager war, erschrak. 2. Mos. 19, 1. 16.

35. Wer redete dort mit dem Volke?

Der Herr redete mit euch mitten aus dem Feuer. Die Stimme seiner Worte hörtet ihr; aber kein Gleichniß sahet ihr außer der Stimme; und verkündigte euch seinen Bund, den Er euch gebot zu thun, nämlich die zehn Worte, und schrieb sie auf zwei steinerne Tafeln. 5. Mos. 4, 12. 13.

36. Welche Geltung haben die zehn Worte noch für uns?

Ihr sollt nicht wähnen, daß ich gekommen bin, das Gesetz oder die Propheten aufzulösen. Ich bin nicht gekommen, aufzulösen, sondern zu erfüllen. Denn wahrlich, Ich sage euch, bis daß Himmel und Erde zergehe, wird nicht zergehen der kleinste Buchstabe, noch ein Tüttel vom Gesetz, bis daß es Alles geschehe. Wer nun Eins von diesen kleinsten Geboten auflöset, und lehret die Leute also, der wird der Kleinste heißen im Himmelreich; wer es aber thut und lehret, der wird groß heißen im Himmelreich. Matth. 5, 17—19.

Erstes Hauptstück.

37. Wie lauten die zehn Gebote?

Gott redete alle diese Worte:

I. Ich bin der Herr, dein Gott, der Ich dich aus Egyptenland, aus dem Dienſthauſe, geführt habe. Du ſollſt keine andern Götter neben Mir haben.

II. Du ſollſt dir kein Bildniß, noch irgend ein Gleichniß machen, weder deß, das oben im Himmel, noch deß, das unten auf Erden, oder deß, das im Waſſer unter der Erde iſt. Bete ſie nicht an, und diene ihnen nicht. Denn Ich, der Herr, dein Gott, bin ein eifriger Gott, der da heimſuchet der Väter Miſſethat an den Kindern, bis in das dritte und vierte Glied, die mich haſſen, und thue Barmherzigkeit an vielen Tauſenden, die mich lieb haben und meine Gebote halten.

III. Du ſollſt den Namen des Herrn, deines Gottes, nicht mißbrauchen; denn der Herr wird den nicht ungeſtraft laſſen, der ſeinen Namen mißbrauchet.

IV. Gedenke des Sabbathtages, daß du ihn heiligeſt. Sechs Tage ſollſt du arbeiten und alle deine Werke thun; aber am ſiebenten Tage iſt der Sabbath des Herrn, deines Gottes. Da ſollſt du kein Werk thun, noch dein Sohn, noch deine Tochter, noch dein Knecht, noch deine Magd, noch dein Vieh, noch dein Frembling, der in deinen Thoren ist. Denn in sechs Tagen hat der Herr Himmel und Erde gemacht, und das Meer und Alles, was darinnen ist, und ruhete am siebenten Tage; darum segnete der Herr den Sabbathtag und heiligte ihn.

V. Du sollst deinen Vater und deine Mutter ehren, auf daß du lange lebest im Lande, das dir der Herr, dein Gott, gibt.

VI. Du sollst nicht tödten.

VII. Du sollst nicht ehebrechen.

VIII. Du sollst nicht stehlen.

IX. Du sollst kein falsches Zeugniß reden wider deinen Nächsten.

X. Laß dich nicht gelüsten beines Nächsten Hauses. Laß dich nicht gelüsten deines Nächsten Weibes, noch seines Knechts, noch seiner Magd, noch seines Ochsen, noch seines Esels, noch Alles, das dein Nächster hat. 2. Mos. 20, 1—17.

38. Was fordert also der Herr von seinem Volk?

Nun Israel! was fordert der Herr, dein Gott, von dir, denn daß du den Herrn, deinen Gott, fürchtest; daß du in allen seinen Wegen wandelst und liebest Ihn, und dienest dem Herrn, deinen Gott, von ganzem Herzen und von ganzer Seele; daß du die Gebote des Herrn haltest, und seine Rechte, die ich dir heute gebiete, auf daß dir's wohl gehe. 5. Mos. 10, 12. 13. (2. Mos. 20, 20.

Das erste Gebot.

39. Wie lautet das erste Gebot?

Ich bin der Herr, dein Gott, der Ich dich aus Egyptenland, aus dem Diensthause, geführet habe. Du sollst keine andere Götter neben Mir haben. 2. Mos. 20, 2. 3.

40. Gibt es denn viele Götter und viele Herren?

Wiewohl es sind, die Götter genannt werden, es sei im Himmel oder auf Erden; sintemal es sind viele Götter und viele Herren: so haben wir doch nur Einen Gott, den Vater, von welchem alle Dinge sind, und wir in Ihm; und Einen Herrn, Jesum Christum, durch welchen alle Dinge sind und wir durch Ihn. 1. Cor. 8, 5. 6. So wissen wir nun, —, daß ein Götze nichts in der Welt sei, und daß kein anderer Gott sei, ohne der Einige. 1. Cor. 8, 4.

41. Welche Leute dienen andern Göttern?

Die sich auf Götzen verlassen und sprechen zu dem gegossenen Bilde: Ihr seid unsere Götter. Jes. 42, 17.

Die Feinde des Kreuzes Christi, welcher Ende ist die Verdammniß, welcher der Bauch ihr Gott ist, und ihre Ehre zu Schanden wird, derer, die irdisch gesinnet sind. Phil. 3, 19.

Die Wollust mehr lieben denn Gott. 2. Tim. 3, 4.

Ein Geiziger, welcher ist ein Götzendiener. Eph. 5, 5.

Wer sich auf Menschen verläßt und hält Fleisch für seinen Arm, und mit seinem Herzen vom Herrn weicht. Jer. 17, 5. (Matth. 10, 37.)

42. Was hat die grobe, wie die feine Abgötterei für einen Fluch?

So spricht der Herr: Verflucht ist der Mann, der sich auf Menschen verläßt und hält Fleisch für seinen Arm, und mit seinem Herzen vom Herrn weicht. Der wird sein wie die Heide (Entblößter) in der Wüste und wird nicht sehen den zukünftigen Trost; sondern wird bleiben in der Dürre, in der Wüste, in einem unfruchtbaren Lande, da Niemand wohnet. Jer. 17, 5. 6.

43. Was für einen Segen hat aber das rechte Gottvertrauen?

Gesegnet ist der Mann, der sich auf den Herrn verläßt, und deß der Herr seine Zuversicht ist. Der ist wie ein Baum am Wasser gepflanzet und am Bach gewurzelt. Denn obgleich eine Hitze kommt, fürchtet er sich doch nicht, sondern seine Blätter bleiben grün, und sorget nicht, wenn ein dürres Jahr kommt, sondern er bringet ohne Aufhören Früchte. Jer. 17, 7. 8.

44. Kann man nicht andern Göttern, also der Sünde dienen und zugleich dem Herrn?

Ihr könnet nicht Gott dienen und dem Mammon. Matth. 6, 24. Ihr könnt nicht zugleich trinken des Herrn Kelch und der Teufel Kelch; ihr könnt nicht zugleich theilhaftig sein des Herrn Tisches und der Teufel Tisches. 1. Cor. 10, 21. (2. Cor. 6, 15.)

45. Welche besondere Sünden der Abgötterei sind namentlich verboten?

Daß nicht unter dir gefunden werde, der seinen Sohn, oder Tochter durch's Feuer gehen lasse, oder ein Weissager, oder ein Tagewähler, oder der auf Vogelgeschrei achte, oder ein Zauberer, oder Beschwörer, oder Wahrsager, oder Zeichendeuter, oder der die Todten frage. Denn wer solches thut, der ist dem Herrn ein Greuel, und um solcher Greuel willen vertreibet sie der Herr, dein Gott, vor dir her. 5. Mos. 18, 10—12.

46. Gibt es noch feinere Art von Götzendienst?

Ungehorsam ist Zaubereisünde, und Widerstreben ist Abgötterei und Götzendienst. 1. Sam. 15, 23.

47. Warum will der Herr keine Art von Abgötterei und Götzendienst leiden?

Ich, der Herr, das ist mein Name, und will meine Ehre keinem Andern geben, noch meinen Ruhm den Götzen. Jef. 42, 8.

Das zweite Gebot.

48. Wie lautet das zweite Gebot?

Du sollst dir kein Bildniß, noch irgend ein Gleichniß machen, weder deß, das oben im Himmel, noch deß, das unten auf Erden, oder deß, das im Wasser unter der Erde ist. Bete sie nicht an, und diene ihnen nicht. Denn Ich, der Herr, dein Gott, bin ein eifriger Gott, der da heimsuchet der Väter Missethat an den Kindern, bis in das dritte und vierte Glied, die mich hassen; und thue Barmherzigkeit an vielen Tausenden, die mich lieb haben und meine Gebote halten. 2. Mos. 20, 4—6.

49. Warum kann und soll Gott nicht abgebildet, noch bildlich verehrt werden?

Gott ist ein Geist, und die Ihn anbeten, die müssen Ihn im Geist und in der Wahrheit anbeten. Joh. 4, 24. (Jef. 40, 18—25; Apost. 17, 29.)

50. Wie werden die Leute beschrieben, die Gott nur äußerlich verehren und anbeten?

Ihr Heuchler! Es hat wohl Jesaias von euch geweissagt und gesprochen: Dies Volk nahet sich zu mir mit seinem Munde, und ehret mich mit seinen Lippen; aber ihr Herz ist ferne von mir. Vergeblich dienen sie mir, dieweil sie lehren solche Lehren, die nichts denn Menschen-Gebote sind. Matth. 15, 7—9.

51. Welches ist aber ein wahrer, reiner, unbefleckter und vernünftiger Gottesdienst?

Ein reiner und unbefleckter Gottesdienst vor Gott, dem Vater, ist der: Die Waisen und Wittwen in ihrer Trübsal besuchen, und sich von der Welt unbefleckt erhalten. Jac. 1, 27. (Röm. 12, 13.)

52. Gibt es ein wahres und wesentliches Ebenbild Gottes?

Jesus Christus ist das Ebenbild des unsichtbaren Gottes, der Erstgeborne vor aller Kreatur; denn durch Ihn ist Alles geschaffen, das im Himmel und auf Erden ist, das Sichtbare und Unsichtbare, beides die Thronen und Herrschaften, und Fürstenthümer und Obrigkeiten. Es ist Alles durch Ihn und zu Ihm geschaffen, und Er ist vor Allen, und es besteht Alles in Ihm. Kol. 1, 15—17. (Joh. 14, 9.)

53. In welchem Namen will und soll Gott allgemein verehret und angebetet sein?

Daß in dem Namen Jesu sich beugen sollen aller derer Kniee, die im Himmel, und auf Erden und unter der Erde sind, und alle Zungen bekennen sollen, daß Jesus Christus der Herr sei zur Ehre Gottes des Vaters. Phil. 2, 10. 11.

54. Müssen denn auch gerechte Kinder ihrer ungerechten Eltern Missethat tragen?

Welche Seele sündiget, die soll sterben. Der Sohn soll nicht tragen die Missethat seines Vaters, und der Vater soll nicht tragen die Missethat seines Sohnes, sondern des Gerechten Gerechtigkeit soll über ihm sein, und des Ungerechten Ungerechtigkeit soll über ihm sein. Hes. 18, 20. Die Väter sollen nicht für die Kinder, noch die Kinder für die Väter sterben, sondern ein Jeglicher soll für seine Sünde sterben. 5. Mos. 24, 16.

Das dritte Gebot.

55. Wie lautet das dritte Gebot?

Du sollst den Namen des Herrn, deines Gottes,

Erstes Hauptstück.

nicht mißbrauchen. Denn der Herr wird den nicht ungestraft lassen, der seinen Namen mißbraucht. 2. Mos. 20, 7.

56. Wie wird und wurde Gottes Namen durch den Wandel gelästert und mißbraucht?

Du rühmest dich des Gesetzes, und schändest Gott durch Uebertretung des Gesetzes. Denn eurethalben wird Gottes Namen gelästert unter den Heiden, als geschrieben steht. Röm. 2, 23. 24. Sie hielten sich wie die Heiden, dahin sie kamen, und entheiligten meinen heiligen Namen, daß man von ihnen sagte: Ist das des Herrn Volk, das aus seinem Lande hat müssen ziehen? Hes. 36, 20. (3. Mos. 24, 15. 16.)

57. Wie wird der Name Gottes mit Worten mißbraucht?

Des Gottlosen Mund ist voll Fluchens, Falsches und Truges. Ps. 10, 7. Wenn eine Seele sündigen würde, daß er einen Fluch höret, und er deß Zeuge ist, oder gesehen, oder erfahren hat, und nicht angesagt; der ist einer Missethat schuldig. 3. Mos. 5, 1. (Matth. 12, 36; Ps. 50, 16. 17.)

58. Was sollen wir statt des Fluchens thun?

Segnet, die euch verfolgen; segnet und fluchet nicht. Röm. 12, 14. (Jac. 3, 9. 10; Luc. 9, 51—55; Spr. 26, 2.)

59. Warum dürfen wir keinen Eid schwören?

Vor allen Dingen aber, meine Brüder, schwöret nicht, weder bei dem Himmel, noch bei der Erde, noch mit keinem andern Eide. Es sei aber euer Wort: Ja, das Ja ist; und: Nein, das Nein ist, auf daß ihr nicht in Heuchelei fallet. Jac. 5, 12. (Matth. 5, 33—37.)

60. Wodurch können wir Gottes Namen preisen, anstatt ihn zu mißbrauchen?

Wer Dank opfert, der preiset mich, und das ist der Weg, daß Ich ihm zeige das Heil Gottes. Ps. 50, 23. Saget Dank allezeit für Alles, Gott und dem Vater, in dem Namen unsers Herrn Jesu Christi. Eph. 5, 20.

61. Wie soll man den Herrn loben?

Danket dem Herrn, und prediget seinen Namen; verkündiget sein Thun unter den Völkern, singet von Ihm und lobet Ihn; redet von allen seinen Wundern; rühmet seinen heiligen Namen; es freue sich das Herz derer, die den Herrn suchen; fraget nach dem Herrn und nach seiner Macht; suchet sein Antlitz allewege; gedenket seiner Wunderwerke, die Er gethan hat, seiner Wunder und seines Worts, ihr, der Same Abrahams seines Knechts, ihr Kinder Jakobs, seine Auserwählten! Ps. 105, 1—6. (Matth. 10, 32. 33; Kol. 3, 16; Matth. 5, 16.)

Das vierte Gebot.

62. Wie lautet das vierte Gebot?

Gedenke des Sabbathtages, daß du ihn heiligest. Sechs Tage sollst du arbeiten und alle deine Werke thun; aber am siebenten Tage ist der Sabbath des Herrn, deines Gottes. Da sollst du kein Werk thun, noch dein Sohn, noch deine Tochter, noch dein Knecht, noch deine Magd, noch dein Vieh, noch dein Fremdling, der in deinen Thoren ist. Denn in sechs Tagen hat der Herr Himmel und Erde gemacht, und das Meer und Alles, was darinnen ist, und ruhete am siebenten Tage; darum segnete der Herr den Sabbathtag, und heiligte ihn. 2. Mos. 20, 8—11.

63. Mit welchen Worten hat Gott, der Herr, zuerst die Arbeit befohlen?

Im Schweiß deines Angesichts sollst du dein Brod essen, bis daß du wieder zur Erde werdest, davon du genommen bist. Denn du bist Erde, und sollst zur Erde werden. 1. Mos. 3, 19. (2. Thess. 3, 10—12; 1. Thess. 4, 11. 12; Ps. 128, 1. 2.

64. Wann hat Gott den Sabbath eingesetzt und verordnet?

Also vollendete Gott am siebenten Tage seine Werke, die Er machte; und ruhete am siebenten Tage von allen seinen Werken, die Er machte; und segnete den siebenten Tag, und heiligte ihn, darum, daß Er an demselben geruhet hatte von allen seinen Werken, die Gott schuf und machte. 1. Mos. 2, 2. 3. (3. Mos. 23, 3; 2. Mos. 31, 15; Hebr. 4, 9—11.)

65. Für wen ist der Sabbath gemacht?

Jesus sprach zu ihnen: Der Sabbath ist um des Menschen willen gemacht, und nicht der Mensch um des Sabbaths willen; so ist des Menschen Sohn ein Herr auch des Sabbaths. Marc. 2, 27. 28.

66. Wie wird der Sabbath des Herrn geheiliget?

Ich wasche meine Hände in Unschuld, und halte mich, Herr, zu deinem Altar; da man höret die Stimme des Dankens, und da man prediget alle deine Wunder. Herr, ich habe lieb die Stätte deines Hauses, und den Ort, da deine Ehre wohnet. Ps. 26, 6—8. (Pred. 4, 17; Matth. 4, 4; Luc. 11, 28; Jac. 1, 22.)

67. Welche Werke sind am Sabbath erlaubt und geboten?

Jesus sprach zu ihnen: Welcher ist unter euch, so er ein Schaf hat, das ihm am Sabbath in eine Grube fällt, der es nicht ergreife und aufhebe? Wie viel besser ist nun ein Mensch, denn ein Schaf? Darum mag man wohl am Sabbath Gutes thun. Matth. 12, 11. 12. (Jac. 1, 27; Jes. 58, 5-7.)

68. Wie wird der Sabbath des Herrn entheiliget?

Du verachtest meine Heiligthümer, und entheiligest meine Sabbathe. Hes. 22, 8. Darum, daß sie meine

Rechte verachtet, und nach meinen Geboten nicht gelebet, und meine Sabbathe entheiliget hatten; denn sie wandelten nach den Götzen ihres Herzens. Hes. 20, 16. (Röm. 14, 17. 18; Eph. 5, 18. 19.)

Das fünfte Gebot.

69. Wie lautet das fünfte Gebot?

Du sollst deinen Vater und deine Mutter ehren, auf daß du lange lebest im Lande, das dir der Herr, dein Gott, gibt. 2. Mos. 20, 12.

70. Was sind das für Kinder, die ihre Eltern entehren?

Wer Vater verstört und Mutter verjagt, der ist ein schändlich und verflucht Kind. Spr. 19, 26. Ein Auge, das den Vater verspottet, und verachtet der Mutter zu gehorchen, das müssen die Raben am Bach aushacken, und die jungen Adler fressen. Spr. 30, 17. (5. Mos. 27, 16; Matth. 15, 4; 3. Mos. 20, 9.)

71. Was ist denn Gottes Wille an die Kinder?

Mein Kind, gehorche der Zucht deines Vaters, und verlaß nicht das Gebot deiner Mutter; denn solches ist ein schöner Schmuck an deinem Haupte, und eine Kette an deinem Halse. Spr. 1, 8. 9. (Spr. 23, 22; 3. Mos. 19, 3; 1. Tim. 5, 4.)

72. Wie und worin sollen die Kinder ihren Eltern gehorchen?

Ihr Kinder, seid gehorsam euren Eltern in dem Herrn; denn das ist billig. Eph. 6, 1. Ihr Kinder, seid gehorsam den Eltern in allen Dingen; denn das ist dem Herrn gefällig. Kol. 3, 20. (Luc. 2, 51. 52; Hebr. 13, 17.)

73. Gibt es Eltern, die ihre Kinder zum Bösen anhalten und sie verderben?

Ahasja wandelte auch in den Wegen des Hauses Ahabs; denn seine Mutter hielt ihn dazu, daß er gottlos ward.

Darum that er, was dem Herrn übel gefiel, wie das Haus Ahabs. Denn sie waren seine Rathgeber nach seines Vaters Tode, daß sie ihn verderbeten. 2. Chron. 22, 3. 4.

74. Was haben Kinder zu thun, wenn sie von ihren Eltern, oder Vorgesetzten zum Bösen wider Gottes Gebot angehalten werden?

Petrus und die Apostel sprachen: Man muß Gott mehr gehorchen, denn den Menschen. Apost. 5, 29.

75. Was ist der Wille Gottes an die Eltern?

Ihr Väter, reizet eure Kinder nicht zum Zorn; sondern ziehet sie auf in der Zucht und Vermahnung zum Herrn. Eph. 6, 4. So aber Jemand die Seinen, sonderlich seine Hausgenossen, nicht versorget, der hat den Glauben verleugnet, und ist ärger denn ein Heide. 1. Tim. 5, 8.

76. Zu welchem Gehorsam soll uns die Zucht unserer Eltern antreiben?

So wir unsere leiblichen Väter zu Züchtigern gehabt, und sie gescheuet; sollen wir denn nicht vielmehr unterthan sein dem geistlichen Vater, daß wir leben. Hebr. 12, 9. (1. Mos. 18, 19.)

77. Was befiehlt Gott den Jungen gegen die Alten?

Vor einem grauen Haupte sollst du auffstehen und die Alten ehren; denn du sollst dich fürchten vor deinem Gott; denn ich bin der Herr. 3. Mos. 19, 32. Ihr Jungen seid unterthan den Aeltesten. 1. Petr. 5, 5.

Das sechste Gebot.

78. Wie lautet das sechste Gebot?

Du sollst nicht tödten. 2. Mos. 20, 13.

79. Wie hat Christus, der Herr, dieses Gebot ausgelegt?

Ihr habt gehöret, daß zu den Alten gesagt ist: Du sollst nicht tödten; wer aber tödtet, der soll des Gerichts schuldig sein. Ich aber sage euch: Wer mit seinem Bruder zürnet, der ist des Gerichts schuldig; wer aber zu seinem Bruder sagt: Raka, der ist des Raths schuldig; wer aber sagt: Du Narr, der ist des höllischen Feuers schuldig. Matth. 5, 21. 22.

80. Was ist uns deßwegen für eine Warnung gegen den Zorn gegeben?

Liebe Brüder! Ein jeglicher Mensch sei schnell zu hören, langsam aber zu reden, und langsam zum Zorn. Denn des Menschen Zorn thut nicht, was vor Gott recht ist. Jac. 1, 19. 20. Zürnet ihr, so sündiget nicht. Lasset die Sonne nicht über eurem Zorne untergehen. Eph. 4, 26. (Ps. 4, 5.)

81. Was ist Haß und Zorn gegen seinen Bruder?

Wer seinen Bruder hasset, der ist ein Todtschläger, und ihr wisset, daß ein Todtschläger nicht hat das ewige Leben bei ihm bleibend. 1. Joh. 3, 15. (Gal. 5, 21.)

82. Was sagt das Wort Gottes von der Schadenfreude?

Freue dich des Falles deines Feindes nicht, und dein Herz sei nicht froh über sein Unglück! Es möchte es der Herr sehen und ihm übel gefallen, und seinen Zorn von ihm wenden. Spr. 24, 17. 18.

83. Wie soll man sich gegen zugefügtes Böses verhalten?

Laß dich nicht das Böse überwinden, sondern überwinde das Böse mit Gutem! Röm. 12, 21. (Matth. 5, 38–41; 5, 23–26; Apost. 10, 38.)

84. Gibt es auch eine Pflicht, dem Nächsten das Leben zu retten?

Errette die, so man tödten will, und entziehe dich nicht von denen, so man erwürgen will. Spr. 24, 11. (Jes. 58, 7; Röm. 12, 20; Matth. 5, 43–45.)

85. Wie kann man einen Menschen auch vom geistlichen Tode retten?

Lieben Brüder, so Jemand unter euch irren würde von der Wahrheit, und Jemand bekehrete ihn, der soll wissen,

Erstes Hauptstück. 25

daß, wer den Sünder bekehret hat von dem Irrthum seines Weges, der hat einer Seele vom Tode geholfen, und wird bedecken die Menge der Sünden. Jac. 5, 19. 20. (Vergl. Hes. 3, 18.)

Das siebente Gebot.

86. Wie lautet das siebente Gebot?

Du sollst nicht ehebrechen. 2. Mos. 20, 14.

87. Wer hat den Ehestand eingesetzt?

Gott, der Herr, sprach: Es ist nicht gut, daß der Mensch allein sei; Ich will ihm eine Gehülfin machen, die um ihn sei. 1. Mos. 2, 18. Der im Anfang den Menschen gemacht hat, der machte, daß Ein Mann und Weib sein sollte. Matth. 19, 4.

88. Welche Sünde soll durch den Ehestand verhütet werden?

Um der Hurerei willen habe ein Jeglicher sein eigenes Weib, und eine Jegliche habe ihren eigenen Mann. 1. Cor. 7, 2. (1. Thess. 4, 3—7.)

89. Wie sollen sich Eheleute zu einander halten?

Ihr Männer! Liebet eure Weiber, gleichwie Christus auch geliebet hat die Gemeine, und hat sich selbst für sie gegeben. Die Weiber seien unterthan ihren Männern, als dem Herrn. Wie die Gemeine ist Christo unterthan, also auch die Weiber ihren Männern, in allen Dingen. Eph. 5, 25. 22. 24. (1. Petr. 3, 1. 2. 7; Tit. 2, 4—6.

90. Wie soll es mit der Ehe gehalten werden?

Die Ehe soll ehrlich gehalten werden bei Allen, und das Ehebett unbefleckt; die Hurer aber und Ehebrecher wird Gott richten. Hebr. 13, 4. (3. Mos. 20, 10; Spr. 6, 26—29. 32. 33; Matth. 5, 28.)

91. Welche Warnung gibt uns das Wort Gottes vor Hurerei und ähnlicher Unreinigkeit?

Fliehet die Hurerei. Alle Sünden, die der Mensch thut,

sind außer seinem Leibe; wer aber huret, der sündiget an seinem eigenen Leibe. Oder wisset ihr nicht, daß euer Leib ein Tempel des heiligen Geistes ist, der in euch ist, welchen ihr habt von Gott, und seid nicht euer selbst? Denn ihr seid theuer erkauft. Darum so preiset Gott an eurem Leibe und in eurem Geiste, welche sind Gottes. 1. Cor. 6, 18—20. (Eph. 4, 29.)

92. Haben die Wollüstlinge Antheil am Reiche Gottes?

Lasset euch nicht verführen: weder die Hurer, noch die Ehebrecher, noch die Weichlinge, noch die Knabenschänder werden das Reich Gottes ererben. 1. Cor. 6, 9, 10. (Röm. 13, 13. 14; Spr. 23, 31—33; 1. Mos. 39, 10; Spr. 5, 8; 1, 10; 24, 1.)

Das achte Gebot.

93. Wie lautet das achte Gebot?

Du sollst nicht stehlen. 2. Mos. 20, 15.

94. Was für eine Strafe hat Gott auf den Diebstahl gesetzt?

Wenn Jemand einen Ochsen oder Schaf stiehlt, und schlachtet es, oder verkauft es, der soll fünf Ochsen geben für einen Ochsen, und vier Schafe für ein Schaf. Findet man aber bei ihm den Diebstahl lebendig, es sei Ochse, Esel oder Schaf, so soll er's zweifältig wiedergeben. 2. Mos. 22, 1. 4. Wer einen Menschen stiehlt und verkauft, daß man ihn bei ihm findet, der soll des Todes sterben. 2. Mos. 21, 16. (2. Mos. 22, 2. 3; Spr. 29, 24.)

95. Wie siehet Gott die an, die mit falscher Wage, falschem Maße und falscher Waare handeln?

Falsche Wage ist dem Herrn ein Gräuel; aber ein völlig Gewicht ist sein Wohlgefallen. Spr. 11, 1. Mancherlei Gewicht und Maß ist beides Gräuel dem Herrn. Spr. 20, 10. Und Spreu für Korn verkaufen. Amos 8, 6[b]. (Amos 8, 4—7.)

Erstes Hauptstück.

96. Wie wird das Uebervortheilen beim Kaufen und Verkaufen im Worte Gottes beurtheilt?

Wenn du etwas deinem Nächsten verkaufst, oder ihm etwas abkaufst, soll keiner seinen Bruder übervortheilen. 3. Mos. 25, 14. Und daß Niemand zu weit greife, noch vervortheile seinen Bruder im Handel; denn der Herr ist der Richter über das Alles. 1. Thess. 4, 6. (Jer. 22, 13; Jac. 5, 4. 5; Spr. 23, 10. 11; Ps. 37, 21; 2. Mos. 22, 25.)

97. Wie zeiget sich die rechte Reue eines Menschen, der gestohlen und betrogen hat?

Wer gestohlen hat, der stehle nicht mehr, sondern arbeite und schaffe mit den Händen etwas Gutes, auf daß er habe zu geben dem Dürftigen. Eph. 4, 28. (Luc. 19, 8. 9; 6, 31; 2. Mos. 22, 5; 23, 4. 5.)

98. Kann man auch sich selbst um das Seine bringen?

Wer laß ist in seiner Arbeit, der ist ein Bruder deß, der das Seine umbringet. Spr. 18, 9. Sei nicht unter den Säufern und Schlemmern! Denn die Säufer und Schlemmer verarmen, und ein Schläfer muß zerrissene Kleider tragen. Spr. 23, 20. 21.

99. Will Gott, daß man für des Nächsten Gut helfende und rettende Sorge trage?

Wenn du deines Bruders Ochsen oder Schaf siehest irre gehen, so sollst du dich nicht entziehen von ihnen, sondern sollst sie wieder zu deinem Bruder führen. Wenn aber dein Bruder dir nicht nahe ist, und kennest ihn nicht, so sollst du sie in dein Haus nehmen, daß sie bei dir seien, bis sie dein Bruder suche, und dann ihm wieder gebest. Also sollst du thun mit seinem Esel, mit seinem Kleide, und mit allem Verlornen, das dein Bruder verlieret, und du es findest; du kannst dich nicht entziehen. 5. Mos. 22, 1—3.

100. Wozu sollen sich Jünger Jesu das dienen lassen, daß irdische Habe so leicht kann gestohlen, geraubt, verderbt und verloren werden?

Ihr sollt euch nicht Schätze sammeln auf Erden, da sie die Motten und der Rost fressen, und die Diebe nachgraben und stehlen. Sammelt euch aber Schätze im Himmel, da sie weder Motten noch Rost fressen, und die Diebe nicht nachgraben noch stehlen. Matth. 6, 19. 20. Verkaufet, was ihr habt, und gebet Almosen. Machet euch Säckel, die nicht veralten, einen Schatz, der nimmer abnimmt im Himmel. Luc. 12, 33.

Das neunte Gebot.

101. Wie lautet das neunte Gebot?

Du sollst kein falsches Zeugniß reden wider deinen Nächsten. 2. Mos. 20, 16.

102. Was ist falschen Zeugen und Lügnern gedroht?

Ein falscher Zeuge bleibt nicht ungestraft, und wer Lügen frech redet, wird nicht entrinnen. Spr. 19, 5. (Pf. 64, 8—11; Spr. 12, 22.)

103. Wie machen es solche Lügner und Lästerer?

Sie kommen, daß sie schauen, und meinen es doch nicht von Herzen, sondern suchen etwas, daß sie lästern mögen, gehen hin und tragen es aus. Pf. 41, 7. Ihre falschen Zungen sind mörderische Pfeile; mit ihrem Munde reden sie freundlich gegen den Nächsten, aber im Herzen lauern sie auf denselben. Jer. 9, 8. Ein Verleumder verräth, was er heimlich weiß; aber wer eines getreuen Herzens ist, verbirgt dasselbe. Spr. 11, 13. (Spr. 10, 19; 21, 23.)

104. Womit kann man Verleumder am Besten widerlegen?

Führet einen guten Wandel, auf daß die, so von euch afterreden, als von Uebelthätern, eure guten Werke sehen, und Gott preisen, wenn es nun an den Tag kommen wird. 1. Petr. 2, 12.

Erstes Hauptstück.

105. Warum darf man nie eine Unwahrheit sagen?

Weil das Wort Gottes lehret: Leget die Lügen ab und redet die Wahrheit, ein Jeglicher mit seinem Nächsten, sintemal wir unter einander Glieder sind. Eph. 4, 25. (Zach. 8, 16. 17; Jac. 4, 11; 2. Mos. 23, 1. 2; Matth. 7, 1. 2.)

106. Was beweisen die Lügner in Ausübung dieser schweren Sünde?

Ihr seid von dem Vater dem Teufel, und nach eures Vaters Lust wollt ihr thun. Derselbige ist ein Mörder von Anfang, und ist nicht bestanden in der Wahrheit; denn die Wahrheit ist nicht in ihm. Wenn er die Lügen redet, so redet er von seinem Eigenen; denn er ist ein Lügner und ein Vater derselbigen. Joh. 8, 44.

107. Sind Nothlügen und Scherzlügen erlaubt?

Ihr wisset die Wahrheit, und wisset, daß keine Lüge aus der Wahrheit kommt. 1. Joh. 2, 21.

Das zehnte Gebot.

108. Wie lautet das zehnte Gebot?

Laß dich nicht gelüsten deines Nächsten Hauses. Laß dich nicht gelüsten deines Nächsten Weibes, noch seines Knechts, noch seiner Magd, noch seines Ochsen, noch seines Esels, noch Alles, das dein Nächster hat. 2. Mos. 20, 17.

109. Ist denn die eigene Lust so gefährlich?

Ein Jeglicher wird versucht, wenn er von seiner eigenen Lust gereizet und gelocket wird. Darnach, wenn die Lust empfangen hat, gebieret sie die Sünde; die Sünde aber, wenn sie vollendet ist, gebieret sie den Tod. Jac. 1, 14. 15. (Matth. 15, 19. 20[a]; Kol. 3, 5. 6; Gal. 5, 24.)

110. Auf welche Weise wird man die Lüste des Fleisches nicht vollbringen?

Wandelt im Geist, so werdet ihr die Lüste des Fleisches

nicht vollbringen. Gal. 5, 16. So lasset nun die Sünde nicht herrschen in eurem sterblichen Leibe, ihr Gehorsam zu leisten in seinen Lüsten. Röm. 6, 12.

111. Wie werden die Lüste des Fleisches besiegt?

Wachet und betet, daß ihr nicht in Versuchung fallet. Marc. 14, 38. Und als gehorsame Kinder stellet euch nicht gleichwie vorhin, da ihr in Unwissenheit nach den Lüsten lebtet, sondern nach dem, der euch berufen hat, und heilig ist, seid auch ihr heilig in allem eurem Wandel. Denn es steht geschrieben: Ihr sollt heilig sein, denn Ich bin heilig. 1. Petr. 1, 14—16.

112. In welchem Ausspruche Christi ist die Summe des ganzen Gesetzes enthalten?

Du sollst lieben Gott, deinen Herrn, von ganzem Herzen, von ganzer Seele und von ganzem Gemüth, dies ist das vornehmste und größte Gebot. Das andere aber ist dem gleich: Du sollst deinen Nächsten lieben als dich selbst. In diesen zweien Geboten hanget das ganze Gesetz und die Propheten. Matth. 22, 37—40.

113. Was wird nun Derjenige finden, welcher sich nach diesen Geboten ernstlich prüft?

Da ist nicht, der gerecht sei, auch nicht Einer; sie sind alle abgewichen, und allesammt untüchtig geworden, da ist nicht, der Gutes thue, auch nicht Einer; denn hier ist kein Unterschied; sie sind allzumal Sünder, und mangeln des Ruhms, den sie an Gott haben sollten. Röm. 3, 10. 12. 23. So du willst, Herr, Sünde zurechnen; Herr, wer wird bestehen. Ps. 130, 3. (Jac. 2, 10; Röm. 7, 7—10. 12. 13. 24.)

114. Wird Gott die Uebertretung seiner Gebote ungestraft hingehen lassen?

Nein; denn Gottes Zorn vom Himmel wird geoffenbaret über alles gottlose Wesen und Ungerechtigkeit der Menschen, die die Wahrheit in Ungerechtigkeit aufhalten. Röm. 1, 18. Wer dem Sohne nicht glaubet, der wird das Leben nicht sehen; sondern der Zorn Gottes bleibet über ihm. Joh. 3, 36. (1. Mos. 2, 17; 5. Mos. 27, 26; Gal. 3, 10; 6, 7. 8.)

115. Was ist daher nöthig, da wir unter dem Zorne Gottes stehende Sünder sind, um selig zu werden?

Also spricht der Herr: Ihr seid umsonst verkauft; ihr sollt auch ohne Geld erlöset werden. Jes. 52, 3. Zion muß durch Recht erlöset werden, und ihre Gefangenen durch Gerechtigkeit. Jes. 1, 27.

Zweites Hauptstück.

Von Gott dem Sohne.

Von dem Wesen oder der Person, von dem Amte des Heilandes und der Erlösung durch Ihn.

116. Kann der Mensch sich selbst, oder kann irgend eine andere Kreatur ihn erlösen?

Nein! Kann doch ein Bruder Niemand erlösen, noch Gott Jemand versöhnen; denn es kostet zu viel, ihre Seele zu erlösen, daß er es muß lassen anstehen ewiglich. Ps. 49, 8. 9. (Matth. 19, 25. 26.)

117. Warum kann durch keine Kreatur die Erlösung von der Last des Zornes Gottes, noch die Versöhnung mit Gott bewirkt werden?

Womit soll ich den Herrn versöhnen? Mit Bücken vor dem hohen Gott? Soll ich mit Brandopfern und jährigen Kälbern Ihn versöhnen? Meinest du, der Herr habe Gefallen an viel tausend Widdern? oder am Oel, wenn es gleich un=

zählige Ströme voll wären? oder soll ich meinen ersten Sohn für meine Uebertretung geben? oder meines Leibes Frucht für die Sünde meiner Seele? Mich. 6, 6. 7. (Jer. 13, 23.)

118. Was bedürfen wir daher für einen Erlöser?

Einen solchen Hohenpriester sollten wir haben, der da wäre heilig, unschuldig, unbefleckt, von den Sündern abgesondert, und höher, denn der Himmel ist; dem nicht täglich noth wäre, wie jenen Hohenpriestern, zuerst für eigene Sünde Opfer zu thun, darnach für des Volkes Sünde; denn das hat Er (Jesus Christus) gethan einmal, da Er sich selbst opferte. Hebr. 7, 26. 27. Das Blut Jesu Christi, seines Sohnes, macht uns rein von aller Sünde. 1. Joh. 1, 7.

119. Wann erschien dieser Hohepriester Jesus Christus in dieser Welt?

Da die Zeit erfüllet ward, sandte Gott seinen Sohn, geboren von einem Weibe, und unter das Gesetz gethan, auf daß Er die, so unter dem Gesetz waren, erlösete, daß wir die Kindschaft empfingen. Gal. 4, 4. 5. (Luc. 2, 1—14.)

120. Warum heißt Er Jesus d. i. Seligmacher?

Der Engel des Herrn sprach: Maria wird einen Sohn gebären, deß Namen sollst du Jesus heißen; denn Er wird sein Volk selig machen von ihren Sünden. Matth. 1, 21. (Luc. 2, 31. 32.)

121. Warum heißt Er Christus d. i. Gesalbter?

Gott, Dein Stuhl währet von Ewigkeit zu Ewigkeit; das Scepter Deines Reiches ist ein richtiges Scepter. Du hast geliebet die Gerechtigkeit, und gehasset die Ungerechtigkeit; darum hat Dich, o Gott, gesalbet Dein Gott, mit dem Oel der Freuden über Deine Genossen. Hebr. 1, 8. 9. (Ps. 45, 7. 8; 110, 4. 5; 5. Mos. 18, 18.)

122. Warum mußte Christus, der Sohn Gottes, wahrer Mensch sein?

Nachdem nun die Kinder Fleisch und Blut haben, ist Er es gleichermaßen theilhaftig geworden, auf daß Er durch den Tod die Macht nähme dem, der des Todes Gewalt hatte, das ist, dem Teufel, und erlösete die, so durch Furcht des Todes im ganzen Leben Knechte sein mußten. Daher mußte Er allerdinge seinen Brüdern gleich werden, auf daß Er barmherzig würde, und ein treuer Hoherpriester vor Gott, zu versöhnen die Sünde des Volks. Denn darinnen Er gelitten hat und versucht ist, kann Er helfen denen, die versucht werden. Hebr. 2, 14. 15. 17. 18.

123. Wie ist Jesus Christus der wahrhaftige Gott, da Er doch ein Mensch ist?

Kündlich groß ist das gottselige Geheimniß: Gott ist geoffenbaret im Fleisch, gerechtfertigt im Geist, erschienen den Engeln, geprediget den Heiden, geglaubet von der Welt, aufgenommen in die Herrlichkeit. 1. Tim. 3, 16. Dieser ist der wahrhaftige Gott und das ewige Leben. 1. Joh. 5, 20. (Joh. 1, 14; Kol. 2, 9; Röm. 9, 5.)

124. Wann wurde Jesus öffentlich vor der Welt für den Sohn Gottes erklärt?

Da Jesus getauft war, stieg Er bald herauf aus dem Wasser; und siehe, da that sich der Himmel auf über Ihm. Und Johannes sahe den Geist Gottes, gleich als eine Taube, herabfahren, und über Ihn kommen. Und siehe, eine Stimme vom Himmel herab sprach: Dies ist mein lieber Sohn, an welchem Ich Wohlgefallen habe. Matth. 3, 16. 17.

125. Welches dreifache Amt wurde Jesum bei seiner Taufe von seinem Vater aufgetragen?

Ich will ihnen einen Propheten, wie du bist, erwecken aus ihren Brüdern. 5. Mos. 18, 18a. Der Herr hat geschworen, und wird Ihn nicht gereuen: Du bist ein Priester ewiglich, nach der Weise Melchisedeks. Ps. 110, 4. Und Er wird ein König sein über das Haus Jakobs ewiglich, und seines Königreichs wird kein Ende sein. Luc. 1, 33.

126. Was ist das Amt Christi, als Prophet?

Der Geist des Herrn ist bei mir, derhalben Er mich gesalbet hat, und gesandt, zu verkündigen das Evangelium den Armen, zu heilen die zerstoßenen Herzen, zu predigen den Gefangenen, daß sie los sein sollen, und den Blinden das Gesicht, und den Zerschlagenen, daß sie frei und ledig sein sollen, und zu predigen das angenehme Jahr des Herrn. Luc. 4, 18. 19. (Luc. 4, 21; Jes. 61, 1—3.)

127. Wodurch bestätigte Jesus, daß Er der verheißene Sohn Gottes sei?

Jesus sprach zu ihnen: Gehet hin und saget Johanni wieder, was ihr sehet und höret: die Blinden sehen, und die Lahmen gehen, die Aussätzigen werden rein, und die Tauben hören, die Todten stehen auf, und den Armen wird das Evangelium geprediget. Und selig ist, wer sich nicht an mir ärgert. Matth. 11, 4—6. (Joh. 8, 46; 5, 36; 10, 37. 38.)

128. Was ist das Amt Christi, als Hoherpriester?

Da Er hat Ein Opfer für die Sünde geopfert, das ewiglich gilt, sitzet Er nun zur Rechten Gottes, und wartet hinfort, bis daß seine Feinde zum Schemel seiner Füße gelegt werden. Denn mit Einem Opfer hat Er in Ewigkeit vollendet, die geheiliget werden. Hebr. 10, 12—14. (Hebr. 7, 24. 25.)

129. Mit welchen Worten schildern die Apostel kurz den Gang der Leiden Jesu Christi?

Wahrlich ja, sie haben sich versammelt über Dein heiliges Kind Jesum, welchen Du gesalbet hast, Herodes und Pontius Pilatus, mit den Heiden und dem Volk Israel, zu thun, was Deine Hand und Dein Rath zuvor bedacht hat, das geschehen sollte. Apost. 4, 27. 28.

130. Was sagt uns Christus über die Vollführung dieses Rathschlusses Gottes?

Mußte nicht Christus solches leiden, und zu seiner Herrlichkeit eingehen? Und fing an von Mose und allen

Propheten, und legte ihnen alle Schriften aus, die von Ihm gesagt waren. — Da öffnete Er ihnen das Verständniß, daß sie die Schrift verstanden, und sprach zu ihnen: Also ist es geschrieben, und also mußte Christus leiden, und auferstehen von den Todten am dritten Tage, und predigen lassen in seinem Namen Buße und Vergebung der Sünden unter allen Völkern, und anheben zu Jerusalem. Luc. 24, 26. 27. 45—47.

131. Wie und für wen hat unser Herr Jesus Christus gelitten?

Fürwahr, Er trug unsre Krankheit und lud auf sich unsre Schmerzen. Wir aber hielten Ihn für den, der geplaget, und von Gott geschlagen und gemartert wäre. Aber Er ist um unserer Missethat willen verwundet, und um unserer Sünde willen zerschlagen. Die Strafe liegt auf Ihm, auf daß wir Frieden hätten, und durch seine Wunden sind wir geheilet. Wir gingen alle in der Irre, wie Schafe; ein Jeglicher sahe auf seinen Weg; aber der Herr warf unser Aller Sünde auf Ihn. Da Er gestraft und gemartert ward, that Er seinen Mund nicht auf, wie ein Lamm, das zur Schlachtbank geführet wird, und wie ein Schaf, das verstummet vor seinem Scherer, und seinen Mund nicht aufthut. — Er trägt ihre Sünden. Jes. 53, 4—7. 11ᵃ.

132. Wozu hat sich unser Herr in solches Leiden hingegeben?

Der sich selbst für uns gegeben hat, auf daß Er uns erlösete von aller Ungerechtigkeit, und reinigte Ihm selbst ein Volk zum Eigenthum, das fleißig wäre zu guten Werken. Tit. 2, 14.

133. Ist der Tod Jesu wirklich ein Sünd- und Sühnopfer für unsere Sünde geworden?

Er hat unsre Sünden selbst geopfert an seinem Leibe auf dem Holz, auf daß wir, der Sünde abgestorben, der Gerechtigkeit leben, durch welches Wunden ihr seid heil geworden. 1. Petr. 2, 24. (1. Petr. 1, 18. 19; Hebr. 9, 11. 12.)

134. Ist diese Erlösung auch zugleich unsre Versöhnung mit Gott?

Gott war in Christo, und versöhnete die Welt mit Ihm selber, und rechnete ihnen ihre Sünden nicht zu, und hat unter uns aufgerichtet das Wort von der Versöhnung. So bitten wir nun an Christi Statt: Lasset euch versöhnen mit Gott! 2. Cor. 5, 19. 20. Und derselbige ist die Versöhnung für unsre Sünden, nicht allein aber für die unsere, sondern auch für der ganzen Welt. 1. Joh. 2, 2. (Röm. 5, 10; 1. Petr. 3, 18; Hebr. 9, 13. 14.)

135. Wie haben wir also das Leiden und Sterben Jesu Christi zu betrachten?

Wie nun durch Eines Sünde die Verdammniß über alle Menschen gekommen ist, also ist auch durch Eines Gerechtigkeit die Rechtfertigung des Lebens über alle Menschen gekommen. Denn gleichwie durch Eines Menschen Ungehorsam viele Sünder geworden sind: also auch durch Eines Gehorsam werden viele Gerechte. Röm. 5, 18. 19. Christus aber hat uns erlöset von dem Fluch des Gesetzes, da Er ward ein Fluch für uns; denn es steht geschrieben: Verflucht ist Jedermann, der am Holze hängt. Gal. 3, 13. (Röm. 5, 9; Jes. 53, 8.)

136. Worin besteht demnach das ganze Werk der Erlösung?

Nun ist ohne Zuthun des Gesetzes die Gerechtigkeit, die vor Gott gilt, geoffenbaret, und bezeuget durch das Gesetz und die Propheten. Ich sage aber von solcher Gerechtigkeit vor Gott, die da kommt durch den Glauben an Jesum Christ, zu Allen und auf Alle, die da glauben. Welchen Gott hat vorgestellt zu einem Gnadenstuhl, durch den Glauben in seinem Blut, damit Er die Gerechtigkeit, die vor Ihm gilt, darbiete, in dem, daß Er Sünde vergibt, welche bis anhero geblieben war unter göttlicher Geduld. Röm. 3, 21. 22. 25. Denn Gott hat den, der von keiner Sünde wußte, für uns zur Sünde gemacht, auf daß wir würden in Ihm die Gerechtigkeit, die vor Gott gilt. 2. Cor. 5, 21. (Phil. 3, 8. 9.)

137. Wodurch bestätigte der Herr selber, daß Er durch sein Leben, Leiden und Sterben diese vollkommene Gerechtigkeit erwirkt hatte?

Da nun Jesus den Essig genommen hatte, sprach Er: Es ist vollbracht! und neigte das Haupt und verschied. Joh. 19, 30. (Und durch Daniel:) Siebenzig Wochen sind bestimmt über dein Volk und über deine heilige Stadt: so wird dem Uebertreten gewehret, und die Sünde zugesiegelt, und die Missethat versöhnet, und die ewige Gerechtigkeit herzugebracht, und Gesicht und Weissagung versiegelt, und der Allerheiligste gesalbet werden. Dan. 9, 24.

138. Ist denn auch unser Heiland wirklich und wahrhaftig gestorben?

Johannes spricht: Als ich Ihn sahe, fiel ich zu seinen Füßen als ein Todter; und Er legte seine rechte Hand auf mich und sprach zu mir: Fürchte dich nicht! Ich bin der Erste und der Letzte und der Lebendige. Ich war todt; und siehe, Ich bin lebendig von Ewigkeit zu Ewigkeit, und habe die Schlüssel der Hölle und des Todes. Offenb. 1, 17. 18. (Hebr. 2, 9; 2. Cor. 5, 14. 15.)

139. Bestätigt das Wort Gottes auch das Begräbniß unsers Erlösers?

Joseph nahm den Leib und wickelte ihn in eine reine Leinwand; und legte ihn in sein eigen neu Grab, welches er hatte lassen in einen Fels hauen, und wälzte einen großen Stein vor die Thür des Grabes, und ging davon. Matth. 27, 59. 60. (1. Cor. 15, 3. 4; Jes. 53, 9.)

140. Was sagt uns Petrus von dem Hinabsteigen des Herrn in das Gefängniß der Geister?

Christus ist getödtet nach dem Fleisch, aber lebendig gemacht nach dem Geist. In demselbigen ist Er auch hingegangen, und hat geprediget den Geistern im Gefängniß, die etwa nicht glaubten, da Gott einstmals harrete und Geduld hatte zu den Zeiten Noahs, da man die Arche zurüstete, in welcher wenige, das ist, acht Seelen behalten wurden durchs Wasser. 1. Petr. 3, 18ᵃ. 19. 20.

141. Wozu ist auch den Todten das Evangelium geprediget?

Dazu ist auch den Todten das Evangelium verkündiget, auf daß sie gerichtet werden nach dem Menschen am Fleisch, aber im Geist Gotte leben. 1. Petr. 4, 6.

142. Ist unser Herr nicht im Grabe geblieben?

Die Engel sprachen: Was suchet ihr den Lebendigen bei den Todten? Er ist nicht hier, Er ist auferstanden. Gedenket daran, wie Er euch sagte, da Er noch in Galiläa war, und sprach: Des Menschen Sohn muß überantwortet werden in die Hände der Sünder, und gekreuziget werden, und am dritten Tage auferstehen. Luc. 24, 5—7. Nun aber ist Christus auferstanden von den Todten, und der Erstling geworden unter denen, die da schlafen; sintemal durch Einen Menschen der Tod, und durch Einen Menschen die Auferstehung der Todten kommt. 1. Cor. 15, 20. 21.

143. Was ist uns durch die Auferstehung des Herrn erworben?

Da wir todt waren in den Sünden, hat Er uns sammt Christo lebendig gemacht, denn aus Gnaden seid ihr selig geworden, und hat uns sammt Ihm auferwecket, und sammt Ihm in das himmlische Wesen versetzt in Christo Jesu. Eph. 2, 5. 6. (Kol. 2, 12. 13; 1. Petr. 1, 3; Röm. 5, 10; 6, 5.)

144. Ist denn die Auferstehung des Herrn für uns von derselben Wichtigkeit wie sein Tod?

Ja, denn Christus ist um unserer Sünde willen dahin gegeben, und um unserer Gerechtigkeit willen auferwecket. Röm. 4, 25. So sind wir je mit ihm begraben durch die Taufe in den Tod, auf daß, gleichwie Christus ist auferwecket von den Todten durch die Herrlichkeit des Vaters, also sollen auch wir in einem neuen Leben wandeln. So wir aber sammt Ihm gepflanzet werden zu gleichem Tode, so werden wir auch der Auferstehung gleich sein. Röm. 6, 4. 5.

145. Wie ist das zu verstehen?

Christus ist das Haupt des Leibes, nämlich der Gemeine; welcher ist der Anfang und der Erstgeborne von den Todten, auf daß Er in allen Dingen den Vorgang habe. Kol. 1, 18. Ich lebe aber; doch nun nicht ich, sondern Christus lebt in mir. Denn was ich jetzt lebe im Fleisch, das lebe ich im Glauben des Sohnes Gottes, der mich geliebet hat, und sich selbst für mich dargegeben. Gal. 2, 20. (1. Cor. 15, 20—22.)

146. Wozu dient uns die Auferstehung des Herrn noch mehr?

Jesus spricht zu Martha: Ich bin die Auferstehung und das Leben. Wer an mich glaubt, der wird leben, ob er gleich stürbe. Und wer da lebet und glaubet an mich, der wird nimmermehr sterben. Joh. 11, 25. 26. Denn so wir glauben, daß Jesus gestorben und auferstanden ist, also wird Gott auch, die da entschlafen sind durch Jesum mit Ihm führen. 1. Thess. 4, 14. Gott aber hat den Herrn auf= erwecket, und wird uns auch auferwecken durch seine Kraft. 1. Cor. 6, 14. (2. Tim. 1, 10.)

147. Was geschah nach der Auferstehung des Herrn?

Jesus hatte sich nach seinem Leiden seinen Jüngern lebendig erzeiget durch mancherlei Erweisungen, und ließ sich sehen unter ihnen vierzig Tage lang, und redete mit ihnen vom Reiche Gottes. Apost. 1, 3.

148. Was geschah nach diesen vierzig Tagen?

Der Herr, nachdem Er mit ihnen geredet hatte, ward Er aufgehoben gen Himmel, und sitzet zur rechten Hand Gottes. Marc. 16, 19. Der hinuntergefahren ist (in die untersten Oerter der Erde), das ist derselbige, der aufgefahren ist über alle Himmel, auf daß Er Alles erfüllete. Eph. 4, 10. (Luc. 24, 50. 51; Apost. 1, 9—11.)

149. Warum ist unser Herr so hoch erhöhet worden?

Er erniedrigte sich selbst, und ward gehorsam bis zum Tode, ja zum Tode am Kreuz. Darum hat Ihn auch Gott erhöhet, und hat Ihm einen Namen gegeben, der über alle Namen ist, daß in dem Namen Jesu sich beugen sollen alle deren Kniee, die im Himmel, und auf Erden, und unter der Erde sind, und alle Zungen bekennen sollen, daß Jesus Christus der Herr sei, zur Ehre Gottes, des Vaters. Phil. 2, 8—11.

150. Wozu dient uns die Himmelfahrt des Herrn?

Christus ist nicht eingegangen in das Heilige, so mit Händen gemacht ist, welches ist ein Gegenbild des Rechtschaffenen, sondern in den Himmel selbst, um zu erscheinen vor dem Angesichte Gottes für uns. Hebr. 9, 24. Wer will verdammen? Christus ist hier, der gestorben ist, ja vielmehr, der auch auferwecket ist, welcher ist zur Rechten Gottes und vertritt uns. Röm. 8, 34. (1. Joh. 2, 1; Joh. 14, 2. 3; 16, 7; Kol. 3, 1. 2.)

151. Herrscht nun Jesus Christus auch als König?

Der Herr hat seinen Stuhl im Himmel bereitet, und sein Reich herrschet über Alles. Pf. 103, 19. Ueber alle Fürstenthümer, Gewalt, Macht, Herrschaft, und Alles, was genannt mag werden, nicht allein in dieser Welt, sondern auch in der zukünftigen, und hat alle Dinge unter seine Füße gethan, und hat Ihn gesetzt zum Haupt der Gemeine über Alles, welche da ist sein Leib, nämlich die Fülle deß, der Alles in Allem erfüllet. Eph. 1, 21—23. (1. Petr. 3, 22; Matth. 16, 18; 28, 18; 1. Cor. 15, 24—28; Offenb. 3, 21; Apost. 2, 33.)

152. Wird unser Herr wieder kommen vom Himmel?

Dieser Jesus, welcher von euch ist aufgenommen in den Himmel, wird kommen, wie ihr Ihn gesehen habt gen Himmel fahren. Apost. 1, 11.

153. Wann wird der Herr wieder kommen?

Auf die Zeit, da herwiedergebracht werde Alles,

was Gott geredet hat durch den Mund aller seiner heiligen Propheten, von der Welt an. Apost. 3, 21. (Matth. 24, 14; 2. Thess. 2, 3.)

154. Was haben wir von der Zukunft des Herrn zu erwarten?

Gott hat einen Tag gesetzt, auf welchen Er richten wird den Kreis des Erdbodens mit Gerechtigkeit durch einen Mann, in welchem Er es beschlossen hat, und Jedermann vorhält den Glauben, nachdem Er Ihn hat von den Todten auferwecket. Apost. 17, 31.

155. Auf welche und welcherlei Weise wird das Gericht gehalten und das Endurtheil vom Herrn ausgesprochen?

Wenn aber des Menschen Sohn kommen wird in seiner Herrlichkeit, und alle heiligen Engel mit Ihm: dann wird Er sitzen auf dem Stuhl seiner Herrlichkeit, und werden vor Ihm alle Völker versammelt werden. Und Er wird sie von einander scheiden, gleich als ein Hirt die Schafe von den Böcken scheidet. Und wird die Schafe zu seiner Rechten stellen, und die Böcke zur Linken. Da wird dann der König sagen zu denen zu seiner Rechten: Kommet her, ihr Gesegneten meines Vaters! Ererbet das Reich, das euch bereitet ist von Anbeginn der Welt! Dann wird Er auch sagen zu denen zur Linken: Gehet hin von mir, ihr Verfluchten, in das ewige Feuer, das bereitet ist dem Teufel und seinen Engeln! Matth. 25, 31—34. 41.

156. Welchen Trost hat der Herr seinen Jüngern von seinem Wiederkommen gegeben?

Ich gehe hin, euch die Stätte zu bereiten. Und ob Ich hinginge, euch die Stätte zu bereiten; will Ich doch wiederkommen, und euch zu mir nehmen, auf daß ihr seid, wo Ich bin. Joh. 14, 2. 3.

Drittes Hauptstück.

Von dem heiligen Geist.

Von dem Wesen und den Wirkungen des heiligen Geistes, von der Gemeine Gottes und den heiligen Handlungen.

157. Welche Gnadengabe theilte Christus nach seiner Himmelfahrt den Jüngern mit?

Sie wurden Alle voll des heiligen Geistes, und fingen an zu predigen mit andern Zungen, nachdem der Geist ihnen gab auszusprechen. Apost. 2, 4. (Apost. 2, 1—4.)

158. Was ist der heilige Geist?

Wenn aber der Tröster kommen wird, welchen Ich euch senden werde vom Vater, der Geist der Wahrheit, der vom Vater ausgehet, der wird zeugen von mir. Joh. 15, 26. Denn der Geist, der ein Geist der Herrlichkeit und Gottes ist, ruhet auf euch. 1. Petr. 4, 14. Der Herr ist der Geist. Wo aber der Geist des Herrn ist, da ist Freiheit. 2. Cor. 3, 17. (1. Cor. 12, 4. 11; Jes. 11, 2.)

159. Was halten wir demnach von Gottes Wesen?

Drei sind, die da zeugen im Himmel: der Vater, das Wort und der heilige Geist; und diese drei sind Eins. 1. Joh. 5, 7. (Matth. 28, 19; 2. Cor. 13, 13; 1. Petr. 1, 2.)

160. Was ist das Amt des heiligen Geistes?

(1. Bei den Gläubigen:) Der Tröster, der heilige Geist, welchen mein Vater senden wird in meinem Namen, derselbige wird es euch Alles lehren, und euch erinnern Alles deß, das Ich euch gesagt habe. Joh. 14, 26. Wenn aber Jener, der Geist der Wahrheit, kommen wird, der wird

euch, in alle Wahrheit leiten. Derselbige wird mich verklären; denn von dem Meinen wird er es nehmen, und euch verkündigen. Joh. 16, 13. 14. Derselbige Geist gibt Zeugniß unserm Geiste, daß wir Gottes Kinder sind. Röm. 8, 16. (2. Tim. 1, 9; 2. Theff. 2, 14.)

(2. Bei der Welt:) Wenn derselbige kommt, der wird die Welt strafen, um die Sünde, und um die Gerechtigkeit, und um das Gericht: Um die Sünde, daß sie nicht glauben an mich; um die Gerechtigkeit aber, daß ich zum Vater gehe, und ihr mich hinfort nicht sehet; um das Gericht, daß der Fürst dieser Welt gerichtet ist. Joh. 16, 8—11.

161. Wie werden wir durch die Predigt des Evangeliums berufen?

Gott hat euch von Anfang erwählet zur Seligkeit, in der Heiligung des Geistes, und im Glauben der Wahrheit; darein Er euch berufen hat durch unser Evangelium, zum herrlichen Eigenthum unsers Herrn Jesu Christi. 2. Theff. 2, 13. 14. Und weil du von Kind auf die heilige Schrift weißt, kann dich dieselbige unterweisen zur Seligkeit, durch den Glauben an Christum Jesum. 2. Tim. 3, 15.

162. Wie hat sich der Mensch gegen die Predigt des Evangeliums zu verhalten?

Ein gottesfürchtig Weib, mit Namen Lydia, eine Purpurkrämerin, aus der Stadt der Thyatirer, hörete zu, welcher that der Herr das Herz auf, daß sie darauf Acht hatte, was von Paulo geredet ward. Apost. 16, 14. Die nun sein Wort gern annahmen, ließen sich taufen. Apost. 2, 41. (Apost. 14, 17; Phil. 2, 12. 13; 5. Mos. 11, 26—28; Hebr. 3, 7. 8.)

163. Wozu werden alle Menschen durch die Predigt des Evangeliums aufgefordert?

Paulus sprach: Ich habe bezeuget, beiden, den Juden und Griechen: die Buße zu Gott, und den Glauben an unsern Herrn Jesum Christum. Apost. 20, 21. Jesus sprach: Thut Buße und glaubet an das Evangelium. Marc. 1, 15. (Apost. 17, 30; 16, 31; Luc. 24, 47.)

164. Was ist Buße?

Ich erkenne meine Missethat, und meine Sünde ist immer vor mir. An Dir allein habe ich gesündigt, und übel vor Dir gethan, auf daß Du Recht behaltest in Deinen Worten, und rein bleibest in Deinem Richten. Siehe, ich bin aus sündlichem Samen gezeuget, und meine Mutter hat mich in Sünden empfangen. Ps. 51, 5—7. Gott, sei mir Sünder gnädig! Luc. 18, 13. Die göttliche Traurigkeit wirket zur Seligkeit eine Reue, die Niemand gereuet. 2. Cor. 7, 10. (Jer. 3, 13; Matth. 5, 4. 6.)

165. Welches sind die Kennzeichen wahrer Buße?

Ich will mich aufmachen, und zu meinem Vater gehen, und zu ihm sagen: Vater, ich habe gesündiget in dem Himmel und vor dir, und bin hinfort nicht mehr werth, daß ich dein Sohn heiße, mache mich als einen deiner Tagelöhner. Luc. 15, 18. 19. (Ps. 32, 2—5; Jac. 5, 16; Luc. 19, 8.)

Anmerkung 1. Wahre Kennzeichen der Buße sind drei Schritte: Abkehr von der Sünde, Umkehr zu Jesu, Einkehr in seine Gnade.

Anmerkung 2. Beispiele wahrer Buße, oder göttlicher Traurigkeit zum Leben: David, Ps. 38. 51; der Zöllner, Luc. 18, 9—14; Petrus, Matth. 26, 75; der Schächer am Kreuz, Luc. 23, 39—43; u. s. w. Beispiele falscher Buße, oder weltlicher Traurigkeit zum Tode, die blos vor den Folgen der Sünde erschrickt und keinen Glauben an Gottes Gnade hat: Kain, 1. Mos. 4, 13. 14; Esau, 1. Mos. 27, 38. vergl. Hebr. 12, 16. 17; Pharao, 2. Mos. 10, 16. 17; Ahitophel, 2. Sam. 17, 23; Judas Ischarioth, Matth. 27, 3—5.

Drittes Hauptstück.

166. Was folgt aus einer wahren Buße?

Der Herr sprach: Ich will aufthun ihre Augen, daß sie sich bekehren von der Finsterniß zu dem Licht, und von der Gewalt des Satans zu Gott, zu empfangen Vergebung der Sünden und das Erbe sammt denen, die geheiliget werden, durch den Glauben an mich. Apost. 26, 18. (Jer. 3, 22; 1. Petr. 2, 25; Joel 2, 12. 13; Apost. 3, 19.)

167. Was ist der Glaube?

Es ist der Glaube eine gewisse Zuversicht deß, das man hoffet, und nicht zweifelt an dem, das man nicht siehet. Hebr. 11, 1. Wie Viele Ihn aber aufnahmen, denen gab Er Macht, Gottes Kinder zu werden, die an seinen Namen glauben. Joh. 1, 12. Wahrlich, wahrlich, Ich sage euch: Wer an Mich glaubet, der hat das ewige Leben. Joh. 6, 47. (Gal. 2, 20; 3, 26.)

168. Was wird uns demnach durch den Glauben zu Theil?

An Jesum Christum haben wir die Erlösung durch sein Blut, nämlich die Vergebung der Sünden, nach dem Reichthum seiner Gnade. Eph. 1, 7. Wer aber an diesen glaubet, der ist gerecht. Apost. 13, 39. Dem wird sein Glaube gerechnet zur Gerechtigkeit. Röm. 4, 5^b. (Gal. 2, 16; Luc. 24, 47; Matth. 26, 28.)

169. Was heißt nun durch den Glauben gerecht werden?

Ich habe nicht meine Gerechtigkeit, die aus dem Gesetz, sondern die durch den Glauben an Christum kommt, nämlich die Gerechtigkeit, die von Gott dem Glauben zugerechnet wird. Phil. 3, 9. Sintemal darinnen (im Evangelio) geoffenbaret wird die Gerechtigkeit, die vor Gott gilt, welche kommt aus Glauben in Glauben, wie denn geschrieben steht: Der Gerechte wird seines Glaubens leben. Röm. 1, 17. (Gal. 3, 10; Jes. 64, 6; Luc. 17, 10; 1. Cor. 1, 30.)

170. Welches ist die Frucht eines solchen Glaubens?

Wir hören nicht auf für euch zu beten und zu bitten, daß ihr wandelt würdiglich dem Herrn zu allem Gefallen, und fruchtbar seid in allen guten Werken. Kol. 1, 9. 10. Denn in Christo Jesu gilt nur der Glaube, der in der Liebe thätig ist. Gal. 5, 6. Denn gleichwie der Leib ohne Geist todt ist, also auch der Glaube ohne Werke ist todt. Jac. 2, 26. (Tit. 3, 8; Joh. 15, 8; 1. Petr. 2, 21.)

171. Wie wird die Vergebung der Sünden in der heiligen Schrift genannt?

Wie nun durch Eines Sünde die Verdammniß über alle Menschen gekommen ist, also ist auch durch Eines Gerechtigkeit die Rechtfertigung des Lebens über alle Menschen gekommen. Röm. 5, 18. Nun wir denn sind gerecht geworden durch den Glauben, so haben wir Frieden mit Gott durch unsern Herrn Jesum Christ. Röm. 5, 1. (Luc. 18, 14; Röm. 4, 5.)

172. Welche Veränderung wird durch Buße und Glaube in dem Menschen gewirkt?

Gelobet sei Gott und der Vater unsers Herrn Jesu Christi, der uns nach seiner großen Barmherzigkeit wiedergeboren hat zu einer lebendigen Hoffnung, durch die Auferstehung Jesu Christi von den Todten. Als die da wiederum geboren sind, nicht aus vergänglichem, sondern aus unvergänglichem Samen, nämlich aus dem lebendigen Wort Gottes, das da ewiglich ist. 1. Petr. 1, 3. 23. Darum, ist Jemand in Christo, so ist er eine neue Kreatur, das Alte ist vergangen, siehe, es ist Alles neu geworden. 2. Cor. 5, 17. (Joh. 3, 3—8; Kol. 1, 27; Eph. 3, 14. 16.)

173. Woran erkennt man die Wiedergeburt, oder die von Gott gewirkte Erneuerung?

Die Liebe ist von Gott; und wer lieb hat, der ist von Gott geboren und kennet Gott. 1. Joh. 4, 7. Wir wissen,

Drittes Hauptstück. 47

daß wir aus dem Tode in's Leben gekommen sind; denn wir lieben die Brüder. 1. Joh. 3, 14. Welche der Geist Gottes treibet, die sind Gottes Kinder. Röm. 8, 14. Durch welchen (Christum) ihr auch, da ihr glaubtet, versiegelt worden seid mit dem heiligen Geist der Verheißung. Eph. 1, 13.

174. Wie beweiset sich die Erneuerung im Leben?

(In zwei Stücken:) So leget nun von euch ab, nach dem vorigen Wandel, den alten Menschen, der durch Lüste in Irrthum sich verderbet. Erneuert euch aber im Geist eures Gemüths; und ziehet den neuen Menschen an, der nach Gott geschaffen ist in rechtschaffener Gerechtigkeit und Heiligkeit. Eph. 4, 22—24. Alles, was von Gott geboren ist, überwindet die Welt; und unser Glaube ist der Sieg, der die Welt überwunden hat. 1. Joh. 5, 4. (Tit. 3, 3—7.)

175. Wenn schon der Glaube den Sieg über die Welt erringt, ist das Fleisch des Gläubigen dadurch soweit geheiliget, daß ihm keine weitere Kämpfe für dießseits beschieden sind?

(Die heil. Schrift spricht:) Lasset uns laufen durch Geduld in dem Kampf, der uns verordnet ist. Hebr. 12, 1ᵇ. Welche aber Christo angehören, die kreuzigen ihr Fleisch sammt den Lüsten und Begierden. Gal. 5, 24. Wandelt im Geist, so werdet ihr die Lüste des Fleisches nicht vollbringen; denn das Fleisch gelüstet wider den Geist, und den Geist wider das Fleisch. Dieselbigen sind wider einander, daß ihr nicht thut, was ihr wollt. Regieret euch aber der Geist, so seid ihr nicht unter dem Gesetz. Gal. 5, 16—18. (1. Joh. 3, 6—9; 1, 8. 9; 2, 1; Röm. 12, 14.)

176. Wie haben die Gläubigen Gemeinschaft unter einander?

Die Menge der Gläubigen war Ein Herz und Eine Seele. Apost. 4, 32ᵃ. Er (Christus) ist das Haupt des Leibes, nämlich der Gemeine; welcher ist der Anfang und der

Erstgeborne von den Todten, auf daß Er in allen Dingen den Vorgang habe. Kol. 1, 18. Gleichwie ein Leib ist, und hat doch viele Glieder, alle Glieder aber Eines Leibes, wiewohl ihrer viele sind, sind sie doch ein Leib: also auch Christus. Denn wir sind durch Einen Geist Alle zu Einem Leibe getauft, wir seien Juden oder Griechen, Knechte oder Freie, und sind Alle zu Einem Geist getränket. 1. Cor. 12, 12. 13. (Röm. 12, 4. 5.)

177. Wann wurde die Gemeinde oder christliche Kirche gegründet?

Als der Tag der Pfingsten erfüllet war, waren sie Alle einmüthig bei einander. Und wurden Alle voll des heiligen Geistes und fingen an zu predigen mit andern Zungen, nach dem der Geist ihnen gab auszusprechen; und wurden hinzugethan an dem Tage bei dreitausend Seelen. Apost. 2, 1. 4. 41. (Apost. 2, 47; 4, 4; 5, 14; 6, 7; 9, 15; 11, 20. 21.)

178. Was glauben wir von dieser christlichen Kirche?

Christus hat geliebet die Gemeine, und hat sich selbst für sie gegeben, auf daß Er sie heiligte, und hat sie gereinigt durch das Wasserbad im Wort, auf daß Er sie Ihm selbst darstellete eine Gemeine, die herrlich sei, die nicht habe einen Flecken, oder Runzel, oder deß etwas, sondern daß sie heilig sei und unsträflich. Eph. 5, 25—27. Einen andern Grund kann Niemand legen, außer dem, der gelegt ist, welcher ist Jesus Christus. 1. Cor. 3, 11. (Eph. 2, 19–22. Joh. 10, 16.)

Anmerkung. Die Kirche wird unterschieden in einer sichtbaren Kirche, wozu Alle, die sich zur äußeren kirchlichen Gemeinschaft halten, gehören, und in einer unsichtbaren Kirche, wozu Alle, die da selig werden, gehören. Und da die Mitglieder der unsichtbaren Kirche theils auf Erden, theils im Himmel sind, so unterscheidet man eine streitende und eine triumphirende Kirche. Mitglieder der ersten sind die Wiedergeborenen, die gegen Sünde, Welt und Teufel streiten; Mitglieder der andern sind die selig Vollendeten, welche, dem Streite entnommen, vor dem Throne Gottes triumphiren.

179. Woran erkennt man die Gemeinschaft der Heiligen oder die Glieder der wahren Kirche?

Lasset uns rechtschaffen sein in der Liebe, und wachsen in allen Stücken an dem, der das Haupt ist, Christus, aus welchem der ganze Leib zusammengefüget, und ein Glied am andern hanget durch Gelenke, dadurch Eins dem Andern Handreichung thut, nach dem Werk eines jeglichen Gliedes in seiner Maße, und macht, daß der Leib wächset zu seiner selbst Besserung, und das Alles in der Liebe. Eph. 4, 15. 16. (Hebr. 10, 24. 25; 1. Thess. 5, 11.)

180. Stiftete Jesus Christus auch Aemter zur Erhaltung und Verbreitung seiner Gemeinde?

Ja: Er hat Etliche zu Aposteln gesetzt, Etliche aber zu Propheten, Etliche zu Evangelisten, Etliche zu Hirten und Lehrern, daß die Heiligen zugerichtet werden zum Werk des Amts, dadurch der Leib Christi erbauet werde. Eph. 4, 11. 12. (1. Tim. 4, 14—16; 1. Cor. 4, 1—2; 1. Thess. 5, 12. 13.)

181. Wie wurden die Lehrer oder Prediger berufen?

Die Apostel stelleten zween, Joseph, genannt Barsabas, mit dem Zunamen Just, und Matthias, beteten und sprachen: Herr, aller Herzen Kündiger, zeige an, welchen Du erwählet hast unter diesen zweien, daß einer empfange diesen Dienst und Apostelamt, davon Judas abgewichen ist, daß er hinginge an seinen Ort. Und sie warfen das Loos über sie; und das Loos fiel auf Matthias, und er ward zugeordnet zu den elf Aposteln. Apost. 1, 23—26.

Drittes Hauptstück.

182. Welches ist das erste Bundeszeichen, durch welches der Mensch in die Gemeinschaft mit Gott soll eingeführt werden, und das der Herr Jesus Christus kurz vor seiner Himmelfahrt seinen Jüngern befohlen hat?

Mir ist gegeben alle Gewalt im Himmel und auf Erden. Darum gehet hin und lehret alle Völker, und taufet sie im Namen des Vaters, und des Sohnes, und des heiligen Geistes, und lehret sie halten Alles, was ich euch befohlen habe. Matth. 28, 18—20.

183. Was ist die heilige Taufe?

Die Taufe ist nicht das Abthun des Unflaths am Fleisch, sondern der Bund eines guten Gewissens mit Gott, durch die Auferstehung Jesu Christi. 1. Petr. 3, 21. Wir sind durch Einen Geist Alle zu Einem Leibe getauft. 1. Cor. 12, 13. (1. Petr. 3, 20.)

184. Was bedeutet die Taufform bei der heiligen Taufe?

Wisset ihr nicht, daß Alle, die wir in Jesum Christ getaufet sind, die sind in seinen Tod getaufet? So sind wir je mit Ihm begraben durch die Taufe in den Tod, auf daß, gleichwie Christus ist auferwecket von den Todten, durch die Herrlichkeit des Vaters, also sollen auch wir in einem neuen Leben wandeln. Röm. 6, 3. 4. (Kol. 2, 12—14.)

185. Was wird vor der Taufe verlangt, um sie zum Segen zu empfangen?

Thut Buße und glaubet an das Evangelium! Marc. 1, 15. Denn wer da glaubet und getauft wird, der wird selig werden; wer aber nicht glaubet, der wird verdammet werden. Marc. 16, 16. (Apost. 8, 35—37; 16, 29—34.)

186. Was wird uns durch die heilige Taufe versichert?

Petrus sprach zu ihnen: Thut Buße und lasse sich ein Jeglicher taufen auf den Namen Jesu Christi zur Verge=

bung der Sünden; so werdet ihr empfangen die Gabe des heiligen Geistes. Apost. 2, 38. Ihr seid abgewaschen, ihr seid geheiliget, ihr seid gerecht geworden durch den Namen unsers Herrn Jesu und durch den Geist unsers Gottes. 1. Cor. 6, 11. (Gal. 3, 26. 27.)

187. Welche Verpflichtungen haben diejenigen, die durch die Taufe in den Bund des dreieinigen Gottes aufgenommen sind?

Wie ihr nun angenommen habt den Herrn Christum Jesum, so wandelt in Ihm; und seid gewurzelt und erbauet in Ihm, und seid fest im Glauben, wie ihr gelehret seid, und seid in demselben reichlich dankbar. Kol. 2, 6. 7. Kämpfe den guten Kampf des Glaubens; ergreife das ewige Leben, dazu du auch berufen bist, und bekannt hast ein gut Bekenntniß vor vielen Zeugen. 1. Tim. 6, 12.

188. Mit welchen Worten bezeugt uns die heilige Schrift, daß in den Familien, die zur Zeit der Apostel getauft wurden, keine kleinen Kinder mitverstanden sind?

1. (Cornelius:) Die Gläubigen aus der Beschneidung, die mit Petro gekommen waren, entsetzten sich, daß auch auf die Heiden die Gabe des heiligen Geistes ausgegossen ward, denn sie höreten, daß sie mit Zungen redeten, und Gott hoch priesen. Apost. 10, 45. 46.

2. (Der Kerkermeister zu Philippi:) Er ließ sich taufen, und alle die Seinen alsobald, und führete sie (die Apostel) in sein Haus, und setzte ihnen einen Tisch, und freuete sich mit seinem ganzen Hause, daß er an Gott gläubig geworden war. Apost. 16, 33. 34. (Apost. 3, 41; 8, 14.)

189. Wird aber nicht durch solche Taufe den kleinen Kindern die Gemeinschaft mit Christo und der Gemeine entzogen?

Nein; denn der ungläubige Mann ist geheiliget durch das Weib und das ungläubige Weib wird geheiliget durch den Mann. Sonst wären eure Kinder unrein; nun aber sind sie heilig. 1. Cor. 7, 14. (Marc. 10, 14—16; Röm. 11, 16.)

190. Wie lautet das zweite Bundeszeichen, das der Herr Jesus Christus zur Förderung unseres Glaubens und der Gemeinschaft mit Ihm eingesetzt und am Abende vor seinem Tode verordnet hat?

Der Herr Jesus in der Nacht, da Er verathen ward, nahm Er das Brod, dankete, und brach es, und sprach: Nehmet, esset, das ist mein Leib, der für euch gebrochen wird; solches thut zu meinem Gedächtniß. Desselbigen gleichen nahm Er auch den Kelch, nach dem Abendmahl, und sprach: Dieser Kelch ist das neue Testament in meinem Blut; solches thut, so oft ihr es trinket, zu meinem Gedächtniß. 1. Cor. 11, 23—25. (Matth. 26, 26—28; Marc. 14, 22. 23; Luc. 22, 19. 20.)

191. Was ist das heilige Abendmahl?

Der gesegnete Kelch, welchen wir segnen, ist der nicht die Gemeinschaft des Blutes Christi? Das Brod, das wir brechen, ist das nicht die Gemeinschaft des Leibes Christi? Denn Ein Brod ist es, so sind wir viele Ein Leib; dieweil wir alle Eines Brodes theilhaftig sind. 1. Cor. 10, 16. 17. Denn so oft ihr von diesem Brod esset, und von diesem Kelch trinket, sollt ihr des Herrn Tod verkündigen, bis daß Er kommt. 1. Cor. 11, 26.

192. Was wird uns im heiligen Abendmahl versiegelt?

Jesus sprach zu ihnen: Wahrlich, wahrlich, Ich sage euch: Werdet ihr nicht essen das Fleisch des Menschensohnes und trinken sein Blut, so habt ihr kein Leben in euch. Wer mein Fleisch isset und trinket mein Blut, der hat das ewige Leben, und Ich werde ihn am jüngsten Tage auferwecken. Denn mein Fleisch ist die rechte Speise, und mein Blut ist der rechte Trank. Wer mein Fleisch isset und trinket mein Blut, der bleibet in mir und Ich in ihm. Der Geist ist es, der da lebendig macht; das Fleisch ist kein nütze. Die Worte, die Ich rede, die sind Geist und sind Leben. Joh. 6, 53—56. 63.

193. Was hat man daher zu thun, ehe man sich zum Tische des Herrn nahet?

Der Mensch prüfe sich selbst, und also esse er von diesem Brod, und trinke von diesem Kelch. Denn welcher unwürdig isset und trinket, der isset und trinket ihm selber das Gericht, damit, daß er nicht unterscheidet den Leib des Herrn. 1. Cor. 11, 28. 29. (Ps. 139, 23. 24; 1. Cor. 11, 31. 32.)

194. Woran können zagende Seelen bei der Selbstprüfung sich aufrichten?.

Der Herr ist nahe bei denen, die zerbrochenen Herzens sind, und hilft denen, die zerschlagenes Gemüth haben. Ps. 34, 19. Selig sind, die da Leid tragen; denn sie sollen getröstet werden. Selig sind, die da hungert und dürstet nach der Gerechtigkeit; denn sie sollen satt werden. Matth. 5, 4. 6.

195. Sollen aber zum heiligen Abendmahl auch Solche zugelassen werden, die öffentlich durch ihren Wandel als Ungläubige und Gottlose Anstoß und Aergerniß erregen?

Thut von euch selbst hinaus, wer da böse ist. 1. Cor. 5, 13[b]. Denn welcher nun unwürdig von diesem Brod isset, oder von dem Kelch des Herrn trinket, der ist schuldig an dem Leibe und Blute des Herrn. Darum sind auch so viele Schwache und Kranke unter euch, und ein gut Theil schlafen. 1. Cor. 11, 27. 30. (Röm. 16, 17; Ps. 50, 16. 17; 1. Cor. 5, 11.)

196. Wenn ein Glied der Gemeinde sich an einem Andern versündiget, wie soll man sich denn verhalten?

Sündiget dein Bruder an dir, so gehe hin, und strafe ihn zwischen dir und ihm allein. Höret er dich, so hast du deinen Bruder gewonnen. Höret er dich nicht, so nimm noch einen oder zween zu dir, auf daß alle Sache bestehe auf zweier oder dreier Zeugen Mund. Höret er die nicht, so sage es der Gemeine. Höret er die Gemeine nicht, so halte ihn als einen Heiden und Zöllner. Matth. 18, 15—17. (Gal. 6, 1.)

197. Wenn ein Glied der Gemeinde in eine Sünde fällt, die vom Himmelreiche ausschließt, wie soll man sich da verhalten?

Nun habe ich euch geschrieben, ihr sollt nichts mit ihnen zu schaffen haben; nämlich, so Jemand ist, der sich läßt einen Bruder nennen, und ist ein Hurer, oder ein Geiziger, oder ein Abgöttischer, oder ein Lästerer, oder ein Trunkenbold, oder ein Räuber; mit demselben sollt ihr auch nicht essen. 1. Cor. 5, 11. Ich aber ermahne euch, lieben Brüder, daß ihr aufsehet auf die, die da Zertrennung und Aergerniß anrichten, neben der Lehre, die ihr gelernet habt, und weichet von denselbigen. Röm. 16, 17. (1. Cor. 5, 13; 2. Thess. 3, 6; Tit. 3, 10. 11.)

198. Darf ein solches Glied nach aufrichtiger Buße wieder in die Gemeinde aufgenommen werden?

Es ist genug, daß derselbige von Vielen also gestraft ist; daß ihr nun hinfort ihm desto mehr vergebet und tröstet, auf daß er nicht in allzu großer Traurigkeit versinke. 2. Cor. 2, 6. 7. (Luc. 15.)

199. Wie soll also die christliche Kirchenzucht von dem Vorstand der Gemeinde in derselben überhaupt geübt werden?

Rufe getrost, schone nicht, erhebe deine Stimme wie eine Posaune, und verkündige meinem Volk ihr Uebertreten, und dem Hause Jakobs ihre Sünde. Jes. 58, 1. Predige das Wort, halte an, es sei zu rechter Zeit, oder zur Unzeit; strafe, drohe, ermahne mit aller Geduld und Lehre. 2. Tim. 4, 2.

200. Mit welchen Worten hat Christus seinen Jüngern Unterricht im Verhalten gegen die Bußfertigen und Gläubigen, wie gegen die Unbußfertigen und Ungläubigen gegeben?

Jesus blies sie an und sprach zu ihnen: Nehmet hin den heiligen Geist! Welchen ihr die Sünden erlasset, denen sind sie erlassen; und welchen ihr sie behaltet, denen sind sie behalten. Joh. 20, 22. 23. Wahrlich, Ich sage euch: Was ihr auf Erden binden werdet, soll auch im Himmel gebunden sein; und was ihr auf Erden lösen werdet, soll auch im Himmel los sein. Matth. 18, 18. (Matth. 16, 19.)

Viertes Hauptstück.

Von der Heiligung.
Von dem christlichen Leben, Gebet und Wandel.

1. Von dem christlichen Leben.

201. Wie ist das Leben eines Christen beschaffen?

Ich ermahne euch, liebe Brüder, durch die Barmherzigkeit Gottes, daß ihr eure Leiber begebet zum Opfer, das da lebendig, heilig und Gott wohlgefällig sei, welches sei euer vernünftiger Gottesdienst. Und stellet euch nicht dieser Welt gleich, sondern verändert euch durch Verneuerung eures Sinnes, auf daß ihr prüfen möget, welches da sei der gute, der wohlgefällige und vollkommene Gotteswille. Röm. 12, 1. 2. (Röm. 8, 5. 6; Phil. 3, 20; Kol. 3, 1—3.)

202. Was treibt den Christen dazu an, ein solches geistliches Leben zu führen?

Die Liebe Christi bringet uns also; sintemal wir halten, daß, so Einer für Alle gestorben ist, so sind sie Alle gestorben. 2. Cor. 5, 14. (Röm. 5, 5; Kol. 2, 6. 7; 3, 15. 17.)

203. Welches ist die Regel und Richtschnur, wornach der Christ sein Leben einrichtet?

Ein Jeglicher sei gesinnet, wie Jesus Christus auch war. Phil. 2, 5. Denn Christus hat für uns gelitten, und uns ein Vorbild gelassen, daß ihr sollt nachfolgen seinen Fußstapfen. 1. Petr. 2, 21. (1. Joh. 2, 6; 3, 7; Matth. 5, 16; Kol. 3, 14.)

204. Wodurch wird das geistliche Leben gefördert und gestärkt?

Dein Wort ist meinem Munde süßer, denn Honig. Dein Wort macht mich klug; darum hasse ich alle falsche Wege. Dein Wort ist meines Fußes Leuchte und ein Licht auf meinem Wege. Ps. 119, 103—105.)

205. Wie sollen wir das Wort Gottes als ein Gnadenmittel gebrauchen?

Lasset das Wort Christi unter euch reichlich wohnen in aller Weisheit; lehret und vermahnet euch selbst mit Psalmen und Lobgesängen, und geistlichen Liedern, und singet dem Herrn in eurem Herzen. Kol. 3, 16. (Apost. 17, 11; Hebr. 4, 12; Jac. 1, 21; Luc. 8, 15.)

2. Von dem Gebet.

206. Was ist das Gebet?

Laß Dir (Gott) wohlgefallen die Rede meines Mundes, und das Gespräch meines Herzens vor Dir, Herr, mein Hort und mein Erlöser. Ps. 19, 15. (Phil. 4, 6; Ps. 50, 14.)

207. Was hat Gott Denen verheißen, die zu Ihm beten?

Bittet, so wird euch gegeben; suchet, so werdet ihr finden; klopfet an, so wird euch aufgethan. Denn wer da bittet, der empfängt; und wer da suchet, der findet; und wer da anklopfet, dem wird aufgethan. Matth. 7, 7. 8. Denn der Herr ist nahe Allen, die Ihn anrufen, Allen, die Ihn mit Ernst anrufen. Er thut, was die Gottesfürchtigen begehren, und höret ihr Schreien und hilft ihnen. Ps. 145, 18. 19. (Ps. 10, 17; 50, 15; 65, 3; Jes. 30, 19; 5. Mos. 4, 29.)

Viertes Hauptstück.

208. An wen soll man sich aber mit solchem Bitten, Suchen und Anklopfen wenden?

Jesus sprach: Was ihr bitten werdet in meinem Namen, das will Ich thun, auf daß der Vater geehret werde in dem Sohne. Was ihr bitten werdet in meinem Namen, das will Ich thun. Joh. 14, 13. 14.

209. Wie stehen wir aber zu der Beurtheilung unseres Herzensbedürfnisses?

Der Geist hilft unsrer Schwachheit auf. Denn wir wissen nicht, was wir beten sollen, wie sich's gebührt; sondern der Geist selbst vertritt uns auf's Beste, mit unaussprechlichem Seufzen. Röm. 8, 26. (Matth. 20, 22.)

210. Mit welcher Bitte wandten sich einst die Jünger an den Herrn im Bewußtsein solcher Schwachheit?

Es begab sich, daß Er war an einem Ort und betete. Und da Er aufgehöret hatte, sprach seiner Jünger einer zu Ihm: Herr, lehre uns beten, wie auch Johannes seine Jünger lehrete. Luc. 11, 1.

211. Wie half der Herr da ihrer Schwachheit auf?

Der Herr sprach: Darum sollt ihr also beten: Unser Vater in dem Himmel. Dein Name werde geheiliget. Dein Reich komme. Dein Wille geschehe auf Erden, wie im Himmel. Unser täglich Brod gib uns heute. Und vergib uns unsere Schulden, wie wir unsern Schuldigern vergeben. Und führe uns nicht in Versuchung, sondern erlöse uns von dem Bösen. Denn Dein ist das Reich, und die Kraft, und die Herrlichkeit in Ewigkeit. Amen. Matth. 6, 9—13.

212. Wie oft soll man beten?

Betet ohne Unterlaß! Und seid dankbar in allen Dingen; denn das ist der Wille Gottes in Christo Jesu an euch. 1. Thess. 5, 17. 18. (Ps. 63, 7; Apost. 1, 14; Jac. 5, 13; 1. Cor. 10, 31; Eph. 6, 18.)

213. Mit welcher Gesinnung sollen wir beten?

Wenn du betest, sollst du nicht sein wie die Heuchler, die da gerne stehen und beten in den Schulen, und an den Ecken auf den Gassen, auf daß sie von den Leuten gesehen werden. Wahrlich, Ich sage euch: sie haben ihren Lohn dahin. Wenn du aber betest, so gehe in dein Kämmerlein, und schließe die Thüre zu, und bete zu deinem Vater im Verborgenen, und dein Vater, der in das Verborgene siehet, wird dir's vergelten öffentlich. Und wenn ihr betet, sollt ihr nicht viel plappern, wie die Heiden, denn sie meinen, sie werden erhöret, wenn sie viele Worte machen. Darum sollt ihr euch ihnen nicht gleichen. Euer Vater weiß, was ihr bedürfet, ehe denn ihr Ihn bittet. Matth. 6, 5—8. Den Demüthigen gibt Gott Gnade. 1. Petr. 5, 5. (Matth. 26, 39. Ps. 130, 1. 2.)

214. Welch eine Wirkung hat solch erhörlich Gebet?

Alles, was ihr bittet in eurem Gebet, glaubet nur, daß ihr es empfangen werdet, so wird es euch werden. Marc. 11, 24. Und durch Jesum Christum haben wir Freudigkeit und Zugang in aller Zuversicht, durch den Glauben an Ihn. Eph. 3, 12. Des Gerechten Gebet vermag viel, wenn es ernstlich ist. Jac. 5, 16. (Kol. 3, 17; 4, 2; Jac. 1, 6. 7.)

3. Vom Wandel.

215. Wie zeigt sich die Liebe gegen Gott?

Siehe, die Furcht des Herrn, das ist Weisheit; und meiden das Böse, das ist Verstand. Hiob 28, 28. Danket dem Herrn, denn Er ist freundlich und seine Güte währet ewiglich. Ps. 107, 1. Werfet euer Vertrauen nicht weg, welches eine große Belohnung hat. Hebr. 10, 35. Da Christus ist vollendet, ist Er geworden Allen, die Ihm gehorsam sind, eine Ursache zur ewigen Seligkeit. Hebr. 5, 9.

216. Wie spricht ein von Ehrfurcht erfülltes Herz?

Weise mir, Herr, Deinen Weg, daß ich wandele in Deiner

Wahrheit; erhalte mein Herz bei dem Einigen, daß ich Deinen Namen fürchte. Pf. 86, 11. (Hebr. 12, 28; 1. Joh. 4, 18.)

217. Wie bewährt sich diese Ehrfurcht vor Gott?

Meine Liebsten, so lasset uns von aller Befleckung des Fleisches und des Geistes uns reinigen, und fortfahren mit der Heiligung in der Furcht Gottes. 2. Cor. 7, 1. (1. Cor. 6, 19. 20.)

218. Wie beweisen wir öffentlich diese Ehrfurcht vor Gott?

Ziehet nicht am fremden Joch mit den Ungläubigen. Denn was hat die Gerechtigkeit für Genieß mit der Ungerechtigkeit? Was hat das Licht für Gemeinschaft mit der Finsterniß? Darum gehet aus von ihnen, und sondert euch ab, spricht der Herr, und rühret kein Unreines an: so will Ich euch annehmen. 2. Cor. 6, 14. 17. (Matth. 5, 16; 10, 32. 33; Hebr. 10, 35.)

219. Wodurch gibt sich die Dankbarkeit gegen Gott zu erkennen?

Saget Dank allezeit für Alles, Gott und dem Vater, in dem Namen unsers Herrn Jesu Christi. Eph. 5, 20. (Pf. 106, 2; 103, 1. 2.)

220. Wie muntert uns die heilige Schrift zum Vertrauen auf Gott auf?

Befiehl dem Herrn deine Wege, und hoffe auf Ihn; Er wird es wohl machen. Pf. 37, 5. Geduld aber ist euch noth, auf daß ihr den Willen Gottes thut, und die Verheißung empfanget. Hebr. 10, 36. (Pf. 27, 14; Röm. 8, 28; 12, 12.)

221. Worauf soll sich dieses Vertrauen gründen?

Ist Gott für uns, wer mag wider uns sein? Welcher auch seines eigenen Sohnes nicht hat verschonet, sondern hat Ihn für uns Alle dahingegeben; wie sollte Er uns mit Ihm nicht Alles schenken? Röm. 8, 31. 32. Alle Gottes-Verheißungen sind Ja in Ihm, und sind Amen in Ihm, Gott zu Lobe durch uns. 2. Cor. 1, 20.

222. Wie unterweiset uns der Heiland, daß wir uns das Vertrauen nicht rauben lassen?

Ihr sollt nicht sorgen und sagen: Was werden wir essen? Was werden wir trinken? Womit werden wir uns kleiden? Nach solchem Allem trachten die Heiden; denn euer himmlischer Vater weiß, daß ihr deß Alles bedürfet. Trachtet am ersten nach dem Reiche Gottes und nach seiner Gerechtigkeit, so wird euch solches Alles zufallen. Darum sorget nicht für den andern Morgen, denn der morgende Tag wird für das Seine sorgen. Es ist genug, daß ein jeglicher Tag seine eigene Plage habe. Matth. 6, 31—34. (Spr. 3, 5.)

223. Worin besteht der Gehorsam gegen Gott?

Das ist die Liebe zu Gott, daß wir seine Gebote halten, und seine Gebote sind nicht schwer. 1. Joh. 5, 3. Gehorsam ist besser, denn Opfer. 1. Sam. 15, 22. (Jac. 1, 22; Luc. 14, 33; Apost. 5, 29.)

224. Worin zeigt sich die Liebe zum Nächsten?

Seid barmherzig, wie auch euer Vater barmherzig ist. Luc. 6, 36. (Matth. 7, 12; 22, 39. 40; Gal. 5, 14.)

225. Was empfiehlt uns das Wort Gottes in Betreff des Verhaltens gegen unsern Nächsten?

Die Liebe stellet sich nicht ungeberdig, sie suchet nicht das Ihre, sie läßt sich nicht erbittern, sie trachtet nicht nach Schaden, sie freuet sich nicht der Ungerechtigkeit, sie freuet sich aber der Wahrheit. 1. Cor. 13, 5. 6. Durch Demuth achtet euch unter einander einer den andern höher, denn sich selbst. Phil. 2, 3. (1. Cor. 13; Matth. 18, 6. 7; Eph. 4, 25. 29.)

226. Welche Gesinnung sollen wir allezeit gegen den Nächsten haben?

So ziehet nun an als die Auserwählten Gottes, Heilige und Geliebte, herzliches Erbarmen, Freundlichkeit, Demuth, Sanftmuth, Geduld, und vertrage Einer den Andern, und vergebet euch unter einander, so Jemand Klage hat wider den

Andern; gleichwie Christus euch vergeben hat, also auch ihr. Ueber Alles aber ziehet an die Liebe, die da ist das Band der Vollkommenheit. Kol. 3, 12—14. (Eph. 4, 1—3; 1. Joh. 3, 17. 18; 1. Petr. 3, 8.)

227. Wie sollen wir dem Nächsten dienen?

Dienet einander, ein Jeglicher mit der Gabe, die er empfangen hat, als die guten Haushalter der mancherlei Gnade Gottes. 1. Petr. 4, 10. (Marc. 10, 45; Phil. 4, 8.)

a. In der Rache oder Wehrlosigkeit.

228. Worin bestehet die Wehrlosigkeit?

Die Liebe ist langmüthig und freundlich, die Liebe eifert nicht, die Liebe treibt nicht Muthwillen, sie blähet sich nicht. 1. Cor. 13, 4. Selig sind die Friedfertigen, denn sie werden Gottes Kinder heißen. Matth. 5, 9. (Röm. 13, 10; Eph. 4, 3; Jes. 2, 4.)

229. Wie haben wir uns bei Beleidigungen zu verhalten?

Vergeltet nicht Böses mit Bösem, oder Scheltwort mit Scheltwort, sondern dagegen segnet, und wisset, daß ihr dazu berufen seid, daß ihr den Segen beerbet. 1. Petr. 3, 9. Vergeltet Niemand Böses mit Bösem. Fleißiget euch der Ehrbarkeit gegen Jedermann. Ist es möglich, so viel an euch ist, so habt mit allen Menschen Frieden. Röm. 12, 17. 18. (Gal. 6, 1.)

230. Will denn unser Heiland, daß seine Jünger leiden und dulden sollen?

Der Heiland spricht: Ihr habt gehört, daß da gesagt ist: Auge um Auge, Zahn um Zahn. Ich aber sage euch: daß ihr nicht widerstreben sollt dem Uebel; sondern so dir Jemand einen Streich gibt auf deinen rechten Backen, dem biete den andern auch dar. Und so Jemand mit dir rechten will, und deinen Rock nehmen, dem laß auch den Mantel. Matth. 5, 38—40.

231. Wie ist das zu verstehen?

Ihr habt gehöret, daß gesagt ist: du sollst deinen Nächsten lieben, und deinen Feind hassen. Ich aber sage euch: Liebet eure Feinde; segnet, die euch fluchen; thut wohl denen, die euch hassen; bittet für die, so euch beleidigen und verfolgen; auf daß ihr Kinder seid eures Vaters im Himmel. Matth. 5, 43—45. (Röm. 12, 20; Matth. 5, 46—48.)

232. Ist dieses Leiden und Dulden nicht eine Hauptsache bei den Nachfolgern Jesu?

Jesus sprach zu seinen Jüngern: Will mir Jemand nachfolgen, der verleugne sich selbst, und nehme sein Kreuz auf sich, und folge mir. Matth. 16, 24. Und Alle, die gottselig leben wollen in Christo Jesu, müssen Verfolgung leiden. 2. Tim. 3, 12. (Apost. 14, 22.)

233. Warum sollen wir keine Rache üben?

Rächet euch selber nicht, meine Liebsten, sondern gebet Raum dem Zorn; denn es stehet geschrieben: die Rache ist mein, Ich will vergelten, spricht der Herr. Röm. 12, 19. (1. Cor. 6, 7; Röm. 12, 21.)

234. Was hat der Gläubige bei seinem Leiden und Dulden im Auge?

Moses erwählete viel lieber, mit dem Volke Gottes Ungemach zu leiden, denn die zeitliche Ergötzung der Sünde zu haben, und achtete die Schmach Christi für größern Reichthum, denn die Schätze Egyptens: denn er sahe an die Belohnung. Hebr. 11, 25. 26. (Matth. 10, 22.)

b. Im häuslichen, gemeindlichen und bürgerlichen Leben.

235. Wie soll die Liebe im häuslichen Leben bewiesen werden, oder wie lauten die Eheregeln, die Mann und Weib wohl zu beobachten haben?

Die Weiber sollen ihren Männern unterthan sein, auf daß die, so nicht glauben an das Wort, durch der Weiber Wandel ohne Wort gewonnen werden, wenn sie ansehen ihren

Viertes Hauptstück.

keuschen Wandel in der Furcht. Deßgleichen ihr Männer, wohnet bei ihnen mit Vernunft, und gebet dem weiblichen, als dem schwächsten Werkzeuge, seine Ehre, als auch Miterben der Gnade des Lebens, auf daß euer Gebet nicht verhindert werde. 1. Petr. 3, 1. 2. 7. (Eph. 5, 22—25; Spr. 24, 28; Kol. 4, 1; 3, 22. 23.)

236. Wie soll der Eintritt in die Ehe geschehen?

Allein, daß es (das Heirathen) in dem Herrn geschehe. 1. Cor. 7, 39. Doch so fern, daß wir nach einer Regel, darin wir gekommen sind, wandeln, und gleich gesinnet seien. Phil. 3, 16. (1. Cor. 14, 40.)

237. Was haben wir von Ehescheidungen zu halten?

Jesus sprach: Was Gott zusammengefüget hat, das soll der Mensch nicht scheiden. — Moses hat euch erlaubt zu scheiden von euren Weibern, von eures Herzens Härtigkeit wegen; von Anbeginn aber ist es nicht also gewesen. Ich aber sage euch: Wer sich von seinem Weibe scheidet, es sei denn um der Hurerei willen, und freiet eine andere, der bricht die Ehe. Und wer die Abgeschiedene freiet, der bricht auch die Ehe. Matth. 19, 6. 8. 9. (1. Cor. 7, 10—14.)

238. Wie haben wir die Liebe zu beweisen im Gemeinde-Leben?

Lasset uns halten an dem Bekenntniß der Hoffnung, und nicht wanken; denn Er ist treu, der sie verheißen hat; und lasset uns unter einander unserer selbst wahrnehmen mit Reizen zur Liebe und guten Werken; und nicht verlassen unsere Versammlung, wie Etliche pflegen, sondern unter einander ermahnen, und das so viel mehr, so viel ihr sehet, daß sich der Tag nahet. Hebr. 10, 23—25. (Hebr. 10, 22; 13, 17; Jud. 20; Apost. 20, 28; 1. Petr. 5, 2. 3. 5.)

239. Wie soll die Liebe im bürgerlichen Leben bewiesen werden?

Jedermann sei unterthan der Obrigkeit, die Gewalt über ihn hat. Denn es ist keine Obrigkeit, ohne von Gott; wo aber Obrigkeit ist, die ist von Gott verordnet. Wer sich nun wider die Obrigkeit setzet, der widerstrebet Gottes Ordnung; die aber widerstreben, werden über sich ein Urtheil empfangen. Röm. 13, 1. 2. (1. Petr. 2, 13. 14.)

240. Was haben die Gläubigen zu thun, wenn die Obrigkeit etwas gebieten sollte, das gegen Gottes Willen und Gebot wäre?

Petrus und Johannes antworteten und sprachen zu ihnen (dem Rath): Richtet ihr selbst, ob es vor Gott recht sei, daß wir euch mehr gehorchen, denn Gott? Apost. 4, 19.

241. Welchen besonderen Verpflichtungen haben die Gläubigen der Obrigkeit gegenüber nachzukommen?

So ermahne ich (Paulus) nun, daß man vor allen Dingen zuerst thue Bitte, Gebet, Fürbitte und Danksagung für alle Menschen, für die Könige und für alle Obrigkeit, auf daß wir ein ruhiges und stilles Leben führen mögen, in aller Gottseligkeit und Ehrbarkeit. 1. Tim. 2, 1. 2. Gebet nun Jedermann, was ihr schuldig seid: Schoß, dem der Schoß gebühret; Zoll, dem der Zoll gebühret; Furcht, dem die Furcht gebühret; Ehre, dem die Ehre gebühret. Röm. 13, 7. (Matth. 22, 21.)

242. Wenn die Obrigkeit aber einen Eid fordert, warum schwören wir nicht?

Jesus sprach: Ihr habt gehöret, daß zu den Alten gesagt ist: Du sollst keinen falschen Eid thun, und sollst Gott deinen Eid halten. Ich aber sage euch, daß ihr allerdings nicht schwören sollt, weder bei dem Himmel, denn er ist Gottes Stuhl; noch bei der Erde, denn sie ist seiner Füße Schemel; noch bei Jerusalem, denn sie ist eines großen Königs Stadt. Auch sollst du nicht bei deinem Haupte schwören, denn du vermagst nicht ein einziges Haar weiß oder schwarz zu machen. Eure Rede aber sei: Ja, ja; Nein, nein; was darüber ist, das ist vom Uebel. Matth. 5, 33—37.

243. Ist das von allem Schwören, welcher Art es immerhin sei, zu verstehen?

Vor allen Dingen, meine Brüder, schwöret nicht, weder bei dem Himmel, noch bei der Erde, noch mit keinem andern Eide. Es sei aber euer Wort: Ja, das Ja ist; und: Nein, das Nein ist, auf daß ihr nicht in Heuchelei fallet. Jac. 5, 12. (Matth. 12, 36.)

Fünftes Hauptstück.

Von der Vollendung des Heils
oder
von den letzten Dingen.

Von dem Tode, dem ewigen Leben und dem Ende der Welt.

244. Was ist der Tod?

Der Tod ist der Sünden Sold. Röm. 6, 23. (Röm. 5, 12; 1. Mos. 3, 19; Offenb. 14, 13.)

245. Was ist das ewige Leben in seiner Vorbereitung?

Das ist das ewige Leben, daß sie Dich, daß Du allein wahrer Gott bist, und den Du gesandt hast, Jesum Christum, erkennen. Joh. 17, 3.

246. Was ist das ewige Leben in seiner Vollendung?

Siehe da, eine Hütte Gottes bei den Menschen; und Er wird bei ihnen wohnen, und sie werden sein Volk sein, und Er selbst, Gott mit ihnen, wird ihr Gott sein; und Gott wird abwischen alle Thränen von ihren Augen; und der Tod wird nicht mehr sein, noch Leid, noch Geschrei, noch Schmerzen wird mehr sein; denn das Erste ist vergangen. Offenb. 21, 3. 4. Und wir werden Ihm gleich sein; denn wir werden

Ihn sehen, wie Er ist. 1. Joh. 3, 2. (2. Tim. 2, 10; Matth. 25, 34; Offenb. 21, 22. 23; 7, 9. 10.)

247. Was hat man von der ewigen Pein, von der das Wort Gottes redet, zu verstehen?

Das ewige Feuer, das bereitet ist dem Teufel und seinen Engeln. Matth. 25, 41. Da ihr Wurm nicht stirbt, und ihr Feuer nicht verlöscht. Marc. 9, 44. Und der Rauch ihrer Qual wird aufsteigen von Ewigkeit zu Ewigkeit; und sie haben keine Ruhe Tag und Nacht, die das Thier haben angebetet und sein Bild, und so Jemand hat das Maalzeichen seines Namens angenommen. Offenb. 14, 11. (Luc. 16, 23. 24; Offenb. 21, 8.)

248. Was wird am Ende der Welt stattfinden?

Alsdann wird erscheinen das Zeichen des Menschen Sohnes im Himmel. Und alsdann werden heulen alle Geschlechter auf Erden, und werden sehen kommen des Menschen Sohn in den Wolken des Himmels, mit großer Kraft und Herrlichkeit. Matth. 24, 30. Denn es kommt die Stunde, in welcher Alle, die in den Gräbern sind, werden seine Stimme hören; und werden hervorgehen, die da Gutes gethan haben, zur Auferstehung des Lebens, die aber Uebels gethan haben, zur Auferstehung des Gerichts. Joh. 5, 28. 29. (Matth. 25, 31; Offenb. 1, 7; Apost. 1, 11; Hiob 19, 25—27.)

249. Wann wird das letzte oder jüngste Gericht gehalten werden?

Von dem Tage aber und der Stunde weiß Niemand, auch die Engel nicht im Himmel, auch der Sohn nicht; sondern allein der Vater. Marc. 13, 32. Es wird aber des Herrn Tag kommen als ein Dieb in der Nacht; in welchem die Himmel zergehen werden mit großem Krachen, die Elemente aber werden vor Hitze zerschmelzen, und die Erde und die Werke, die darinnen sind, werden verbrennen. 2. Petr. 3, 10. (Matth. 24, 36; Apost. 1, 7.)

Fünftes Hauptſtück.

250. Was sagt die heilige Schrift vom jüngsten Gericht?

Ich (Johannes) sahe die Todten, beide, groß und klein, stehen vor Gott: und die Bücher wurden aufgethan, und ein ander Buch ward aufgethan, welches ist des Lebens. Und die Todten wurden gerichtet, nach der Schrift in den Büchern, nach ihren Werken. Offenb. 20, 12. Denn wir müssen alle offenbar werden vor dem Richterstuhl Christi, auf daß ein Jeglicher empfange, nachdem er gehandelt hat bei Leibes Leben, es sei gut oder böse. 2. Cor. 5, 10. (Joh. 5, 22. 27; Matth. 25, 32. 33; Apost. 17, 30. 31; Röm. 2, 5—11; 14, 10—13; 2. Tim. 4, 1; Pred. 11, 9; 1. Cor. 4, 5.)

251. Wann können wir dem Wiederkommen des Herrn zum Gericht getrost und freudig entgegensehen?

Jesus Christus wird euch fest behalten bis an's Ende, daß ihr unsträflich seid auf den Tag unsers Herrn Jesu Christi. 1. Cor. 1, 8. So seid nun wacker allezeit und betet, daß ihr würdig werden möget, zu entfliehen diesem Allen, das geschehen soll, und zu stehen vor des Menschen Sohn. Luc. 21, 36. Selig sind die Knechte, die der Herr, so Er kommt, wachend findet. Luc. 12, 37. (1. Theff. 3, 12. 13; 5, 23. 24; Matth. 25, 13; 2. Petr. 3, 14.)

252. Was wird uns darum zum Schluß noch herzlich zugerufen?

Nun, Kindlein, bleibet bei Ihm, auf daß, wenn Er (der Herr Jesus) geoffenbaret wird, wir Freudigkeit haben und nicht zu Schanden werden vor Ihm in seiner Zukunft. 1. Joh. 2, 28. — Es spricht, der solches zeuget: Ja, Ich (Jesus) komme bald! Amen. Offenb. 22, 20.

A m e n.

Inhalt.

                                                                            Seite

Einleitung... 1—4

Erstes Hauptstück: Von Gott dem Vater: Von dem Schöpfer, dem Sündenfall und der Vorbereitung des Heils im Alten Bunde durch Verheißung und Gesetz............ 4—31

Zweites Hauptstück: Von Gott dem Sohne: Von dem Wesen oder der Person, von dem Amte des Heilandes und der Erlösung durch Ihn.. 31—41

Drittes Hauptstück: Von dem heiligen Geiste: Von dem Wesen und den Wirkungen des heiligen Geistes, von der Gemeine Gottes und den heiligen Handlungen.............. 42—55

Viertes Hauptstück: Von der Heiligung: 1. Von dem christlichen Leben, 2. Gebet, und 3. Wandel, a. in der Rache oder Wehrlosigkeit, b. im häuslichen, gemeindlichen und bürgerlichen Leben.. 55—65

Fünftes Hauptstück: Von der Vollendung des Heils oder von den letzten Dingen: Von dem Tode, dem ewigen Leben und dem Ende der Welt................................... 65—67